서울대 문예지

제3호, 2014

서울대학교 문학과예술동호회

차 례

차 례

서울대 문예회 이모저모

캠퍼스 낙엽제 시화전 참가 기념(2013. 11. 05.)

서울대 문예회 이모저모

◀최종고 교수님 정년기념 전시회 관람(2013. 5. 13.)

서울대에서의 40여년 간 영업을 마감(2013. 12. 24.)한 '솔밭식당'에서 (2013. 12. 19.) ▶

◀ 토마스집 봉사 활동(2013. 12. 4.)

제4호 서울대 문예지 작품모집 안내

1. 분야

시 · 시조 · 동시 · 한시 10편 이내

단편소설 1편 이내

수필 2~3편 이내

평론 원고지 70~80매 이내

희곡 원고지 70~80매 이내

동화 2~3편 이내

2. 원고 마감

매년 8월 말까지

3. 제출처

E-mail : jin2@snu.ac.kr

4. 문의

전화 : 02-880-5377
E-mail : jin2@snu.ac.kr

서울대 문예지

제3호, 2014

서울대학교 문학과예술동호회

캠퍼스를 사랑하는 마음이 불붙듯 일어나기를

요즈음 저는 관악캠퍼스의 주변 환경을 바라보면서 늘 감사함을 느끼곤 합니다.

모든 것들이 하나같이 우리를 위해 존재한다는 생각에 가슴이 뿌듯하며 늘 새로운 기분으로 즐겁게 지낸답니다. 이렇게 좋은 환경 속에서 함께 생활하는 동안 생각을 같이하고 마음을 같이하고 뜻을 같이하는 '서울대학교 문학과예술동호회' 회원들의 감성어린 글을 모아 '서울대 문예지 제3호'를 발간하게 되었습니다.

이는 2005년 5월 24일 우리 '서울대학교 문학과예술동호회'가 창설된 이후 현재까지 두 차례의 '서울대 문예지' 발간과 세 차례의 '교직원 문예의 밤' 행사를 개최하고, 지난해 가을 본교 캠퍼스관리과에서 "가을 낙엽, 사색의 길목에서"란 주제로 학내 구성원들과 관악캠퍼스 방문객들을 대상으로 캠퍼스 아름다운 정취 및 산책과 사색을 통한 힐링(healing)의 기회를 제공하는 "캠퍼스 가을 낙엽제(Autumn Fallen Leaves Festival)" 행사에서 우리 문예회가 자하연 앞부터 근대법학 100주년 기념관까지의 '느티나무길' 산책로 주변에 '시화전'을 개최함으로써 모든 교직원들에게 문학과 예술의 심오한 멋과 맛을 느끼게 하는 장으로 꾸준히 발전시켜온 결과라 해도 과언이 아닐 것입니다.

이번 문예지 발간을 통해서 우리 교직원들의 다재다능하심과 아름다운 마음이 가득 채워져 있다는 것을 새삼 알게 되니, 제 마음이 뭉클하였습니다. 이 세상에 살면서 무수히 좋은 만남이 있었지만, 그중 우리 회원들과의 만남은 그 특별한 의미가 있어 더욱 소중함을 느끼게 합니다.

또한, 우리 회원들의 작품이 수록되어 있는 '문예지'를 발간하기까지 항상 격려해 주시고 적극 협조해 주신 성낙인 총장님, 공병영 사무국장님, 최종고 교수님께 마음 속 깊이 감사드리며, 물심양면으로 지원을 아끼지 않으신 본교 총무과 직원 여러분과 협찬해 주신 관계자 여러분께 고마운 마음을 전하고 싶습니다.

무엇보다도 '문예지' 발간에 주옥같은 글을 보내주시고 열정적으로 참여해 주신 교직원 여러분께 다시 한 번 감사드립니다. 그 동안 바쁜 중에도 불구하고 '서울대학교 문학과예술동호회'를 사랑하는 마음으로 '서울대 문예지 제3호' 발간을 위해 헌신하신 최해영 부회장님, 강미숙 총무님을 비롯한 편집위원님들께 심심한 감사를 드립니다.

이제 '서울대학교 문학과예술동호회'는 여기서 머무르지 않고 우리 교직원 여러분의 적극적인 관심과 참여로 끊임없이 성장과 발전을 하길 기대하며, 본교 학내 구성원들의 따뜻한 마음을 읽고 이끌어 내주는 역할을 감히 담당하고자 합니다.

모쪼록 이번 문예지 발간을 통해 모두가 캠퍼스를 사랑하는 마음이 불붙듯 일어나기를 기대하며, 특히 '서울대학교 문학과예술동호회'가 문학과 예술의 진정한 사랑을 받고 성장할 수 있도록 교직원 여러분의 지속적인 관심과 협조를 부탁드립니다. 고맙습니다.

2014년 11월 27일

서울대학교 문학과예술동호회 회장 **이 종 만**

• 격려사

삶이 힘들어질수록 문학은 세상을 풍요롭게 할 것

'서울대학교 문학과예술동호회'의 세 번째 문예지 발간을 진심으로 축하합니다. 이종만 회장님을 비롯한 회원 여러분께도 축하와 함께 격려의 인사를 올립니다.

프랑스의 위대한 시인 폴 발레리는 "생각하는 대로 살지 않으면 사는 대로 생각하게 된다."라고 말했습니다. 우리가 사는 대로 생각하려 할 때 문학은 생각하는 대로 사는 법을 알려주는 정신적 보루이기도 합니다. 문학은 말로 풀어쓰는 가장 아름다운 예술입니다. 우리 사회가 각박해지고 우리들 삶이 힘들어질수록 문학은 그 큰 힘을 더욱 발휘하여 세상을 풍요롭게 할 것입니다.

서울대학교는 급변하는 세계질서와 시대 상황 속에서 대학 본연의 막중한 책무를 안고 있습니다. 그 중심에 업무에 대한 전문성과 열정, 그리고 사명감으로 대학발전의 한 축을 담당하고 있는 교직원 여러분들이 있습니다.

‘문화적 창의의 힘이 국가경쟁력을 결정하는 세기’에 조직의 경쟁력은 곧 구성원의 경쟁력을 의미하기도 합니다. 그렇기에 교직원들의 창의와 혁신을 일깨우고 감성적 상상력을 촉진하는 문예창작활동은 고무적인 일이 아닐 수 없습니다.

우리가 생각하는 대로 살기를 꿈꾸는 한 문학은 늘 우리와 함께 할 것입니다. 다시 한 번 <서울대 문예지> 3호 발간을 축하드리고, ‘서울대학교 문학과예술동호회’의 지속적인 건승을 기원합니다. 감사합니다.

2014년 11월 27일

서울대학교 총장 **성 낙 인**

• 축 사

뜨거운 열정에 뜨거운 박수를 보내며

우리가 인생을 살아가면서 물질로만 살 수 없듯이 여러 분야 중 문학과 예술은 인간에게 꼭 필요한 것으로써 우리의 정서적인 감정을 북돋는 데 가장 중요한 역할을 한다고 보아집니다. 우리의 인생에서 문예가 없다고 생각한다면 삶 자체가 공허하고 메마를 것이지만, 메마른 현실 속에서 마음의 양식을 채워주는 삶의 윤활유 같은 존재인 문예를 통하여 정신적인 행복을 느낄 수 있다면 얼마나 좋을까요?

그러한 정신적인 행복을 느낄 수 있게 한 것이 '서울대학교 문학과 예술동호회' 회원들 각자 틈틈이 자신의 소박한 감정이나 사상을 담은 글인 '삶의 향기와 진심을 느낄 수 있게 한 작품' 이라고 생각하니, 매우 귀하게 느껴집니다. 이번 문예지 발간의 결실은 그 의미가 매우 깊고 소중하다고 여겨지며, 이러한 문예지 발간을 통해 우리 모두가 문학적 관심을 갖고 더 많은 창작 활동이 이루어질 수 있다면 우리 교직원들의 정서를 더욱 풍요롭게 이끌어나갈 것이라고 자부합니다.

이 문예지의 아름다운 글을 한 편 한 편 읽어 나갈 때마다 잠시나마 우리의 삶이나 우리 사회의 한 단면 등에 대하여 느낄 수 있을 것이며, 실제로 문학이나 예술이 참으로 값진 것이라는 사실을 알고 있으면서도

행동으로 옮기기에는 쉽지가 않았음을 자인해 봅니다. 이렇게 쉽지 않았음에도 불구하고 문예회 회원들이 열정적으로 활동함으로써 저를 비롯한 우리 교직원들의 마음을 기쁘고 즐겁고 평안하게 해 주신 데 대하여 감사와 함께 축하 인사를 드립니다.

앞으로도 '서울대학교 문학과예술동호회' 회원들은 더욱 왕성한 창작 활동으로써 우리 교직원들에게 마음의 위안이 되는 귀한 글들을 널리 나눠 줄 수 있기를 기대합니다.

그동안 우리나라가 산업 발전과 더불어 민주화라는 두 개의 크나큰 산을 넘다보니 이러한 소중한 가치를 잠시 잊고 살아오지 않았나 하는 생각을 갖게 되며, 우리 모두를 성찰해 보는 귀한 동기부여를 제공해 준 것은 더욱 그 가치가 있다고 생각되어집니다. 정말로 아름답고 귀하고 값진 일을 이루신 문예회 회원 여러분은 이번 기회를 통하여 서로서로 아끼고 사랑하는 조화로움 속에서 맡은 직무를 다함은 물론 활기 넘치는 직장 분위기 조성으로 본교 발전에 큰 보탬이 되었으면 합니다.

아울러 '서울대학교 문학과예술동호회' 이종만 회장님을 비롯한 회원 여러분의 문학과 예술에 대한 뜨거운 열정에 뜨거운 박수를 보내며, 이 기운이 관악캠퍼스 내에 가득 채워져 문예회의 무궁한 발전이 이어지기를 간절히 기원합니다. 감사합니다.

2014년 11월 27일

서울대학교 사무국장 **공 병 영**

서울대 문예지

제3호, 2014

Chapter 1
시조

강미숙(정보화본부) - 목련

김현호(전 법과대학) - 겨울 싹눈(冬芽) 외 4편

목련

강 미 숙(정보화본부)

꽃샘추위 더딘 봄길 그리움을 겹겹 품고
누구 곁에 오고픈가 망울진 눈빛으로
한 그루 외지었어도 품 안 가득 봄을 담네

단아히 흐드러진 아쉬움을 겹겹 풀고
누구 곁에 두고픈가 새하얀 발걸음은
환절기 머뭇거렸던 설레임을 두고 가네

겨울 싹눈(冬芽) 외 4편

김 현 호(전 법과대학)

하얀 숨결 서린 창가
스며드는 모진 설움
삭풍에 떠는 마음 벌거벗은 고된 시련
어둠이
들릴 듯 말 듯
얼기설기 맺힌 앙금

스며드는 따사로움
밝은 빛 고운햇살
심현한 맑은 영혼 샘물을 녹일 듯이
새봄을
기다리는 행복
선율 같은 따사로움

조각(彫刻)의 웅변

꼬리를
비비 트는
움직이는 모빌에도
무념의
외로움에
허허로운 감각이다

외롭지
않으려는 저항
무한한 침묵이다.

무의미의 의미(意味)

다람쥐가 땅을 판다
도토리를 묻으려고
겨울을 생각하여
감춰뒀다 먹으려고

그러나
기억할 수 없으니
무의미한 의미다.

그렇지만 도토리는
봄이 되니 싹이 난다
싹이 커서 나무 되어
가지 벌고 열매 맺어

새로운
양식이 되니
의미 있는 무의미다.

산꽃도 들꽃도

대자연의
순리가 있고 사늘한 바람이 있어
이름 없이 꽃을 피워도
욕심을 모르는 사랑
사련한
들꽃의 고독은
향기 있는 축복이다.

사람들은
고독하고 울어도 슬픈 것은
너와 내가 욕심이 있어
경계하는 마음이니
서로가
이름을 부를 때
행복한 축복이다.

우리들의
외로움이 불행을 한탄케 하고
너와 나의 소원함이
고독의 병 불어오니
들꽃의

지혜를 닮아

자연의 정 꽃피우자.

* 참고 : 『지하철 시집』에 수록(2014. 문화발전소 발간) 되었고, 지하철 2호선 낙성대 사당역 방향 3-4 및 6호선 약수역에서 이태원 방향 첫 역인 버티고개역 4-3 승강장 안전문에 게시되어 있습니다.

작은 소망 작은 기도

– 시조 12 수

가야할 목표보다 가는 길에 즐거움이
머무는 자리에는 후덕함이 배어 있고
진실 된 삶의 여정이 기쁨 되게 하소서

있고 없음 불평 없고 많고 적음 여유롭게
넘치는 충만으로 가슴어린 애정으로
가난한 마음을 주시어 웃음 많게 하소서

기쁠 때나 슬플 때나 같이하는 인정으로
아픈 상처 없게 하고 작은 것에 감사하며
잘못과 괴로운 일은 용서 받게 하소서

힘에 찬 용맹으로 희망찬 능력으로
느끼는 다정함과 속삭이는 음성으로
자연의 섭리 앞에서 당당하게 하소서

만나고 헤어짐에 좋은 점만 기억하고
외모와 배움 앞에 주눅 들지 않게 하고
진정한 삶의 가치를 깨우치게 하소서

하루해의 성실함과 오는 해의 설렘으로
고난을 잊게 하고 지난 삶을 보람으로
오늘이 제일 젊은 날 정성되게 하소서

부드럽게 성숙 되어 나이를 잊고 살며
넉넉함과 베품으로 이해하고 용서하는
다정한 보통사람으로 거듭나게 하소서

계절이 변화하고 하루해가 저물어도
가족사랑 잊지 않고 부모 은혜 되새겨서
가정의 참사랑 의미를 잊지 않게 하소서

열정으로 일하려는 의욕을 북돋워서
이 세상 어디라도 꼭 필요한 사람 되고
건강한 영육을 주시어 영광되게 하소서

늙어지고 때가 되면 미련 없이 갈 줄 알고
취함의 미 버림의 덕, 구분할줄 알게 하여
세상에 노예 되지 않게 조화롭게 하소서

부자 된 사람보다 이름 난 사람보다
질서와 조화 속에 알찬 삶을 알게 하고
낙원이 무엇인가를 음미하게 하소서

사랑의 소중함이 삶의 지혜 행복임을
어디를 가더라도 잊지 말고 깨달아서
넘치는 부귀영화를 부럽잖게 하소서.

Chapter 2
시

박가월(전 서울대 출판문화원) - 아버지와 아들 외 4편
박현우(치의학도서관) - 그녀의 커피 한 잔 외 4편
손호출(수의과대학) - 스승의 날과 배움의 자세 외 1편
안용민(자연과학대학) - 흥정 외 3편
이두영(전 대학행정교육원) - 가을이 머물다간 계절 외 4편
이인영(기획처 재정전략팀) - 봄날 외 4편
윤양섭(미술대학) - 설중(雪中)에 복(福) 덩어리 탄생(誕生)을 축하(祝賀)하며
이종만(공과대학) - 푸른 소망 외 3편
정성민(사회과학대학)- 황태 외 3편
최종고(서울대학교 법과대학 명예교수) - 추억의 솔밭식당 외 1편
최해영(경영대학) - 보고 싶어 외 4편

아버지와 아들 외 4편

박 가 월(전 서울대 출판문화원)

아버지 등에 업혀 장난을 치던 아들은
아버지 등짝을 침대삼아 잠이 들었다
아버지는 아들 자는 모습이 귀엽고 기특하다
행보를 쫓는 모습이 아버지를 영락없이 닮았다

네가 없는 세상은 생각할 수 없구나
아들아, 네가 있어 아버지는 행복단다
아버지는 노동을 하여 힘껏 도우마
지금은 아버지의 그늘에 있지만
학교를 다니고 조국의 임무를 마치면
사회인으로 성장하여 결혼을 하고
아버지 뒤를 이을 지니 자랑스럽다

지금이 가장 아름답고 순수한 시절이란다
네가 둥지를 떠나서 새 둥지를 틀면
너 같은 아이가 네 등에서 재롱을 떨겠지
그 아이를 위해 너는 보호의 노동을 하고
산다는 것은 대물림의 연장란다
그 뿌리의 흥망은 부자가 짊어진 미래란다
아들아, 씩씩하게 자라다오.

그리움 하나

비가 올 듯 말듯 하늘이 약속하다
기다리면 오지 않는 님처럼

대지는 갈증에 목말라 한다
내 애간장을 태우는 님처럼

비는 오지 않고 님은 소식 없는데
가슴은 타들어 간다

갈증을 증폭시킨 그리움 하나.

나무 그늘에 누워

나무 그늘 긴 의자에 누워 바라본다
파란 하늘에 쏟아지는 햇볕이
넓은 대지의 등짝을 쪼으고 있다
거리에 개미 한 마리 얼씬거리지 않는
정오
그늘의 시원함을 다시 생각하게 한다
대책 없이 무차별 쏟아붓는
태양의 뜨거움을 가려주는 그늘
나는 누구한테 그늘이 되어준 적이 있던가
조금이나마 그늘을 차지하려고
비집고 들어간 적이 있다
양보는 나뭇가지 새순만큼도 하지 않았다
돌이켜 보면 부끄러운 지금에
나무 그늘의 아름다운 베품을 보고
내 양심의 성찰은 나무가 준 교훈을 배운다.

그대로 하여금

그대로 하여금 그대 곁을 멀리하게 하여주오

이제 그대 곁을 멀리하고 길손으로 머물러 사는 게 덜 슬픔이외다

맘 둘 곳 없는 몸이라서 안식을 찾아 그대 곁을 머무른 것이 슬픔의 원인이었습니다

그대 곁에 있는 속모를 나그네 마음은 사랑을 얻을까 머물러 잘 보이려고 무던히도 애를 썼건만 그대는 관심도 없다는 듯이 나를 외면하는 것이었습니다

더한 슬픔은 그대는 관심을 주는 척하더니 무엇에 토라져 쳐다도 안 봅니다그려

이대로 그대 곁을 떠나렵니다

그대 곁을 머물러 있고 싶습니다만 한구석 속모를 애타는 나그네 마음은 슬픔의 눈물이 떨어집니다

그대 곁에 있는 것만으로도 위안이 되고 행복합니다만 그대의 사랑이 없는 그대 곁은 그대를 괴롭힐까 두려움에 슬픔을 안고 떠납니다

그대에게 조금이라도 상처를 주지 않기 위해 나는 또 길손으로 살으렵니다

그대로 하여금 그대 곁을 멀리하게 하여주오.

관악산(冠岳山) 스케치

산비탈 양지에는
봄이 나들이 채비를 하지만
3월의 햇볕을 빗겨 선
응달에는 겨울이 한창이다
능선이 잔설을 등짐지고
청솔가지에 찬바람이 일어
계곡 깊숙한 곳은
아직 얼음이 닻근이다
까투리 장끼가 쉬어 놀던
햇살품은 곳으로부터
겨울이 떠나는 계곡물은
얼음장 속을 훑아
봄의 무게만큼 바다로 향한다.

그녀의 커피 한 잔… 외 4편

박 현 우(치의학도서관)

구수한 커피 향에
커피 볶은 여인의 향기가 전해진다.
커피만 온 것이 아니었다.

열정이 볶이고
성실이 담기고
사랑이 얹혀진
커피 알맹이가 온 것이다.

커피를 갈면
커피 알갱이는
열정, 성실, 사랑의 조각으로
분쇄되어 쏟아진다.

아!
아프리카의 뜨거운 햇살,
남미의 뜨거운 태양을 응시하던
눈과 마음으로 로스팅된
커피 알맹이들이
사각사각 조각되어 쏟아지면

커피 볶는 여인이 들려주는
태양이 작열하는 저 먼 異國땅의
이야기가 사각사각 전해진다.

사각사각 부서진 커피 조각들이
뜨거운 물을 만나
열정, 성실, 사랑을 녹여내어
까만 香水되어 落下한다.

아네스의 커피는
열정, 성실, 사랑의 聖水!

열정, 성실, 사랑으로 로스팅한
커피를 마시며
그녀의 마음도 마신다.

활개 두른 봉분 안에 관집을 짓고 살고 싶었다

어머님 자궁에서 열 달을 지내고
이 세상에 태어났지.

그리고 이 세상에 살다가
돌아가야 할 때가 되었을 때는
어머님의 사타구니 같은 활개를 뒤에 두르고
여인의 젓 가슴처럼 봉긋한 봉분 안에
자그마한 관집을 만들어
봄, 여름, 가을, 겨울의
각기 다른 정취를 느끼며 살고자 했지.

봄꽃이 피어나는 모습 보며,
낙엽이 떨어지는 소리 들으며,
가랑비 맞으며, 장마 비 견디어 내며,
진눈깨비 맞으며, 함박눈을 맞으며,
강한 비바람도 견디어내며…

여름이면 별이 쏟아지는 밤하늘을 바라보며
우주의 크기를 가늠해보기도 하고,
목숨이 다해 떨어지는 별똥별을 바라보기도 하고,
일 년에 한 차례 오작교에서

견우와 직녀가 만나 애틋한 사랑 나누는 모습도 보고
가을이면 울어대는 갖은 풀벌레소리 들으며
마음이 평화로워 짐을 느끼며
독서하고 사색하며 살고자 했지.

비바람 치는 밤에는 비와 바람을 온 몸으로
맞고 서서 자연의 무서움을 느끼고,
함박 눈 오는 날에는
소복이 쌓인 흰 눈을 고스란히 맞고,

살을 에이는 겨울이면
새 생명이 움트는 봄의 기운이
어서 돌아오기를 고대하면서
온갖 추위를 견디며 살고자 했지.
내가 이 세상에서 나은 자식들이
이제나 올까, 저제나 올까 기다리면서
관집 밖을 서성거려보기도 하면서 말이야.

내 자식들이
기쁘다고 오고
슬프다고 와서

두런두런 이야기를 들려주면
역경을 지혜롭게 잘 견디어내면서
꿋꿋하게 잘 살라는 얘기도 해주고 싶었어.

애들이 손주들과 함께 오면
관집 안은 왁자지껄 웃음꽃이 피겠지?
오랜만에 봉분안의 무료한 삶에 활기가 돋겠지?

자식들이 사는 집 뒤의 산 한 자락에
관집을 짓고
자식들이 어려움이 닥쳐도 지혜롭게 헤쳐 나가며
역경에 굴하지 않고
즐겁고 행복하게 살아가는 모습을 관집에서 보고 싶었지.

어머님의 사타구니 같이 생긴 활기를 두르고
봉긋한 봉분 안 관집에 살면서
세월이 흘러감에 따라
내 죽은 육신이 서서히
풍화되어 가면서
한 줌의 흙으로 되어가는 모습을 보며
혼과 백으로 나뉘어 각자 자연의 모습으로 돌아가고자 했지.

봉분의 관집에 살면
서서히 몸이 풍화되어 사라지면서
사계절의 변화와 함께 살 수가 있었을 텐데

지금은 봉분안의 관집을 지을 땅은 없고
화장장에서 두어 시간 만에 잿더미로 변한 재를 담은
유골함을 넣을 땅밖에 없다는군!
그래서!
봄, 여름, 가을, 겨울의 각기 다른 정취를 느껴 볼 수도 없게 되었지
별이 쏟아지는 밤하늘을 볼 수도 없게 되었지.
견우와 직녀가 오작교 넘어가는 애틋한 사랑의 장면도 볼 수 없게 되었지.
별똥별 떨어지는 것도 볼 수 없게 되었지.
개구리, 맹꽁이 소리도 듣지 못하게 되었지.
가을이면 울어대는 갖은 풀벌레소리 들을 수 없게 되었지.
함박눈이 내리는 소리가 얼마나 큰지 들을 수도 없게 되었지.
자식들이 찾아오는 모습 보면 얼마나 가슴이 쿵쾅거리는지 알려줄 수도 없게 되었지.
자식들이 봉분 위에 올라와 풀 뽑아 주는 모습도 못 보게 되었지.
돌아가는 자식들의 뒷모습을 붙잡지 못해 하늘 쳐다보며
우주가 얼마나 큰지도 간음해 볼 수도 없게 되었지.
그런 것 알아서 뭐하냐는 핀잔만 듣게 되었지!

토마스의 집에 다녀와서

영등포역 근처 토마스의 집에 가면
뜨끈한 국물, 따끈한 밥, 세 가지 반찬 딸린
점심 한 그릇 200원에 먹을 수 있다.

200원을 내밀고 들어오는 그들 대부분은
남루한 옷차림, 더부룩한 머리,
미소가 없는 굳은 표정으로 다가온다.

백 원짜리 두 개 내미는 사람
백 원짜리, 오십 원짜리, 십 원짜리 합쳐서
200원 내는 사람
천 원짜리 내는 사람

오늘은 돈이 없다고 공손히 말하는 사람
지금 돈이 없다고 뻔뻔하게 말하는 사람

돈이 없다고 뻔뻔하게 말해도
굶기지 않는 토마스의 집!

점심 한 끼 200원은
그들의 자존심을 세워주기 위한 것이란다.

가난은 그렇게
사람의 생활을 궁핍하게 하고
몸에서는 악취가 나게 하고
사람의 표정을 굳게 만들고
사람의 얼굴에서 웃음을 앗아가 버리고
완악하게 굳어버린 표정만 남겨 놓았다.

"저 분들 하나같이 사연 있는 사람들입니다."라고 토마스 집의 총무님이 말씀하신다. 정겨운 사연을 간직한 시간들은 하나도 없어 보이는 듯한 표정과 외모!

그들의 과거의 삶이 오늘은 어찌하여 100백 원짜리 동전 안에 응축해 버렸는가?

차갑고 거친 손과 굳은 표정의 얼굴은

지나온 세월에 아픔이 있었음을 밥값 200원을 빌어 세상에 들이미는 것이다.

우리 부디 궁핍하게 살지 말고
적당히 넉넉하게 살아
완악하게 굳어 버린 그들의 얼굴에
따스한 햇살로 내려앉아
웃음꽃 피어나게 나비춤을 추어보자.

무표정하게 굳어져 버린 얼굴과
힘 빠진 사지를 끌고 다녀야하는 육신은
우리의 따스한 손길과 푸근한 마음으로
펼 수 있고, 안을 수 있으니까…

* 2013년 12월 4일(수) 토마스의 집에서 밥퍼 봉사를 마치고…

화천의 한 산골짜기에 바위 위에 붙은 소나무가 다정하게 살고 있는 모습을 애절하게 바라 본 한 사내의 고백

– 박차랑 선생님의 말씀을 듣고 느꼈던 느낌을 박현우가 옮겨 적다

육이오가 일어난 해였으리라!
고요한 화천의 산하를
포탄이 날아다니며
나무와 숲, 바위를 갈기갈기 찢으며 고통을 주었던 일이!

놀란 바위 향해
총알이 날아와 사정없이 박혀버릴 때
바위는 고통을 이기지 못해 피눈물 흘리며 통곡하였으나
아무도 들어주는 이 없었다.

바위의 뼈와 살에 구멍을 내고
고통으로 통곡하는 바위를 무심히 두고
총알은 어디론가 사라져버렸지.

자연은 자연의 친구를 홀로 내버려 두지 않지.

바람은 어느 날 소나무 홀씨에게
"피 흘리며 고통하는 외로운 바위에 가보라"하여
화천의 이름 없는 골짜기에 홀로 살고 있는 그 바위 찾아가

총알이 만들어 놓은 작은 구멍 집에 거처 마련하고
天水로 목욕재계하고
소나무 한그루 앙증스럽게 피워냈지!

총알이 만들어 놓은 구멍 너무 작아
소나무 뿌리 길게 뻗지 못해 바위와 작별하려 하였으나
자연의 친구들 흙 싣고 날아와 뿌리 덮어주었지.

바람에 실려 온 흙가루 친구들이 고마워
소나무 아직 바위 곁을 떠나지 않으며
적적한 산하의 바위를 부둥켜안고 지키고 있다네.

"소나무야! 소나무야!
나 떠나지 않고 지켜줘서 고마워!"

"바위야! 바위야!
내 어찌 너를 홀로 두고 떠나겠니!"

인간은 서로를 버리기도 하지만
자연은 자연의 친구들을 버리지 않지!
자연은 서로가 연결된 고리임을 그냥 알기에…

* 춘천의 우두동에 박석원을 차려놓고 조경일하시며 수석을 모으시고, 분재를 키우시는 박차랑 선생님이 2012년 6월 30일 들려주신 6・25의 아픈 상처를 고스란히 간직하고 있는 화천의 애절한 이야기를 듣고 7월 1일 아침에 그 느낌을 적은 글.

그리움은 사랑

사랑은 그리움.

사랑은
그리움의 구슬로
엮은 목걸이.

그리움은
사랑 찾아가는 무지개다리.

사랑은 그리움.
그리움은 사랑.

스승의 날과 배움의 자세 외 1편

손 호 출(수의과대학)

“學而時習之 不亦說乎.” 베갯잇 머리에 아홉 자 가끔씩 머문다.
＊ 학이시습지 불역열호-배우며 때에 맞게 익히면 이 또한 더 즐겁지 아니한가.
논어 첫 장에 터 잡은 소중한 말씀 스승의 날에 깊은 정신 품었건만.
은혜를 되새기랴 스승의 날 만들었나, 육학년 담임 눈 섶에 머물고.

말 중에 선생은 있지만 스승이 없다고들 쳇바퀴 따라 돌고 돈다.
지식에다 삶의 지혜까지 아울러 가르치는 선생이 참스승이랴 배웠건만.
5월 15일 스승의 날, 겨레의 스승 세종대왕 탄신일 기념하여 정했으랴.
행복에 아름답게 걷고자 고개든 우리, 챙길 서류 덮어 잠깐 밀치고.

겨레의 참스승 절실히 요구되는 때라 그 누가 말하려 했겠다.
배움에 부지런 하고 후학 위해 봉사 마음으로 엮어 가면 좋겠건만
이곳 카네이션 꽃바구니에 담아 두 손 모아 드리려 싶었으랴.

‘하자’-하늘보다 높은 스승, 땅보다 낮은 제자.
＊ 아무리 영특하고 뛰어난 제자라 할지라도 언제 어디서나 스승에게 배운다.
‘솟자’-소중한 큰 산 스승, 소중한 작은 풀 제자.
＊ 스승이란 단어보다 더 훌륭한 말은 본적도 들은 적도 없다.
‘웃자’-스승께 언제나 존경하고, 참되게 감사하자.

＊ 화목한 직장 분위기에 항상 시습하여 좋은 인재로 거듭난다.

열심히 '하자'. 그리고 높은 곳을 향해 '솟자'. 그 다음엔 활짝 '웃자' 꾸나.

동료선배의 명퇴를 보면서

갑오년엔 유월 말도 연말도 어김없이 앞당겨지랴.
유월에 선배가 그것도 아무도 모르게 명퇴한다네.
남은 해 앞당기고 정든 직장 소리 없이 남겨두고서.

아직은 이삼년 더해도 되는데 세월에 못 견뎌 꺾어지랴.
떠나는 말 없다지만 그림자만 책상에 작게 남겼다네.
삼사십년 하던 일 모두 잊고 함께한 육신만 젊어지고서.

검은머리 반백에 지운 것 하나 없이 만졌던 알맹이 남겨두랴.
틈날 때 회계도 미친 듯 챙겼고 인생이모작 한자도 즐겼다네.
고생한 내 살갗 맑은 눈빛에 큰자식 출가 걱정 밀쳐놓고서.

여태껏 모아둔 연금 덕에 그래도 다행이다 눈빛 한번 쏘아지랴.
남은여생 사는데 괜찮다지만 십년 이상 지내봐야 느낄 것 같다네.
남은 날 헤아려 은퇴쪽지 날아오고 마지막 날 참석여부 들려오겠지.

홍정 외 3편

안 용 민(자연과학대학)

공터에서 사람들이 모여
한참을 입씨름이 오간다.

머리에 수건을 두른 채
애를 업고 나온 아낙네,

백발의 노부부
에헤이 젊은 사람이
인심 좀 더 써.

옆에서 할아버지는
그냥 사자고 하지만
할머니는 한사코이시다.

한참을 언성이 오고가다
옛쑤, 내 자식의 피땀이우
아쉬운 마음 끝에 값을 지불한다.

뙤약볕이 뉘엿뉘엿 할 즈음
아기 업은 새댁이
자리를 접고 피곤한 몸
뉠 셋집을 향한다.

어귀를 지나다 생선가게에 들러
식구들 먹일 싱싱한 이놈으로
값을 지불하려다 아까 전
할머니께 대한 미안함과
자신과 처지가 같은 이 사람,
차마 깍지도 못한 채
이제는 자신과 흥정하고 있다.

디아털 풍속 견(見)

나의 시선은 어디론가
쫓겨 다녀야 한다.

도둑이 제발저리다고
고개만 스쳐돌려도
다리들이 움츠려드니 말이다,
그러니 안 그러려다가도
더 보게 되니 이것 참.

나의 시선은 언제쯤이면
맘껏 자유로울 수 있을까.

사냥

–西湖川 다리 밑

어슬렁어슬렁
눈에 간절함을 가득 담고
투시력에 육감까지
예민하고 재빠르게

때로는 굶주림이 생명을 이긴다.

월하지(月河之)

우리가
만군의 야훼의 이름을
자유롭게 부를 수 있음도
아들을 화목제로 삼으사
목숨을 죗값으로 지불코,
바싹 마른 지팡이의
성스런 싹으로 살려내
우리를 아들에게 맡기심은
온전한 하나님의 은혜라.

가을이 머물다간 계절 외 4편

이 두 영(전 대학행정교육원)

가을이 깊어갑니다
나뭇잎은 붉게 타오르고 햇살은 더 투명해지는 계절

숲의 청량한 공기에 가슴이 씻기고 가을색이 완연한
내장산의 산빛에 마음이 설렙니다.

잠시 걸음을 멈추고 깊고 긴 호흡을 하면
몸과 마음의 탁한 기운이 빠져나갑니다.

내가 나비가 되고 꽃이 되는 시간,
바람이 되고 물결이 되기도 하는 시간,
스스로 음악이 되고 춤이 되는 시간입니다

치열하게 살아왔던 사람들
수없이 좌절했지만,
결코 쓰러질 수 없었던 사람들

숲은
인간의 아픔과 상처를 보듬어줍니다.
사람들의 꿈을 응원합니다.
사람들이 새롭게 펼쳐갈 아름다운 세상을 응원합니다.

관악에 가을이 떠나려합니다

이젠 가을이
떠날 준비를 하는구나

어느덧 첫눈이 내리고 칼바람도 불어오니
철따라 옷을 입고 옷을 벗는 나무들

이젠 예쁜 옷 털어 버리고 나목(裸木)이 되듯
사람도 제 철을 알아야 삽니다.

늘 '철모르는 아이'가 되면 곤란하잖아요?
아쉽다고 흐르는 세월 붙잡을 수는 없겠죠

이 가을이 가고
매서운 추위가 오면
모든 나무들은 동면에 들어가고

이른 봄
따뜻한 햇살이
깨울 때까지 잠을 자야만
싱싱한 새싹을 내게 되듯이

이젠
관악에
철 따라
가을이 떠날 준비를 하는구나

마음 비우기

맘
마음을 비우자
비워도 비워도 가득한 마음

맘도 뜻도
수시로 갈고 닦고
여미고 조여 청소를 하자

방 안이 늘 깨끗하려면 수시로 청소하듯
한 번 느슨해지기 시작하면 금세 흐물해져버리니

오늘도
마음 비우는 뜻
거듭 여미어 변하지 않으려 안간힘을 쓴다

꽃보다 단풍

예쁘게 물든 단풍이
꽃보다 아름답다고 했던가

욕심을 버리고
이웃과 함께 어울림이여

나를 버리고
너와 우리를 먼저 생각한 너

모든 역경 딛고
마지막 열정을 더불어 아름답게 품어내는구나

이슬을 머금고 갓 피어난 꽃
아름답다고 한들

오늘은 지켜온 넌
꽃보다 단풍이 아름답다고 하고도 남음이여

마음의 상처

마음의 상처는
사람과 사람 사이에서
오가는 어떤 말이나 행동 때문에
자존감에 상처를 받았다고 느끼는 것이다.

세상을 살다보면
마음이 상하는 일을 피할 수는 없겠으나

그 상처가 오랜 동안 깊어지면
가슴에 응어리되어
대못처럼 박혀 빠지지 않습니다.

이 자존감의 회복은
마음을 맘으로 풀어줘야 치유되는 것이요
이는 빠르면 빠를수록 진정한 힐링이 되겠지요.

봄날 외 4편

이 인 영(기획처 재정전략팀)

초목은 하루가 다르게 싱싱해지고
대지는 여기저기 꿈틀거린다.

겨우내 움츠렸던 마음 활짝 열고
산으로 들로 마실 나간다.

생명이 잉태하는 이 좋은 계절을
함께 즐기려 친구를 찾았지만
친구는 어데 가고 나 홀로 나선다.

외로움 달래고 봄날을 즐기는가 했더니
어느덧 벚꽃잎 나비되어 내리고
봄날은 아스라이 저만치 흘러간다.

* 2012. 4월 하순, 경영대 옆 순환도로에서

진달래꽃

그대 보고 싶어 달려가니
엄니처럼 포근하게 안아주었네.

그대 듣고 싶어 전화하니
연인처럼 다정스레 받아주었네.

그대는 나의 어머니였네
그대는 또 나의 연인이었네.

원둥산[1] 여기저기 피어있던
추억의 진달래꽃.

캠퍼스 요기저기 피어있는
낭만의 진달래꽃.

이 땅에 민주주의가 태어나던 날
님은 꽃잎 속에 싸여 떠나가셨네.

이제는 님의 뜻대로
진정한 민주주의 꽃을 피우리라.

---

1) 원둥산 : 충남 홍성 금마에 있는 조그만 동산.

시공을 초원하여
영원히 님을 따르고 사랑하리라.

* 이 시는 2011. '4.19의거' 51주년을 맞아 이 땅의 민주주의를 위해 산화하신 모든 님께 바칩니다.

못다 핀 꽃잎이 떨어져 슬피 웁니다

그렇게도 어린 나이에
하고 싶고, 먹고 싶고, 놀고 싶었는데

그렇게도 예쁜 모습에
엄마도 아빠도 눈 속에 넣고 살았는데

갑자기 닥쳐온 차가운 바다 속에서
꼬옴짝 못한 채 울다가 가신 어린 님이시여

용서하여 주소서
이 못난 어른들의 어리석은 죄를

선생님, 엄마 제발 살려주세요
울부짖는 구슬픈 소리 허공을 맴돈다

누가 이들을 어른도 감내할 수 없는
고통속의 차가운 바다 속에 던졌는가?

소 잃고 외양간 고치면 그래도 되지만
한번 가신 어린님은 다시 오게 할 수 없다

아 우리는 왜 이다지도 어리석은가?
오늘은 정말 슬프기 그지없다

못난 어른들이 허둥바둥댈 때
못다 핀 꽃잎이 떨어져 슬피 웁니다

남해안

1. 화개장터

여기가 전라돈지 저기가 경상돈지 모르겠네
조그만 돌다리 건너면 정겹게 만날 수 있었네
마음열고 함께 사는 장터엔 고향의 포근함 있었네.

2. 하동송림

하동의 솔밭 길을 그리운 사람들과 걸었네
섬진강 바람 따라 스며든 솔향기에 취했네
세상의 온갖 시름 잊으니 새 세상이 보이네.

3. 한려수도

왜 이리 늦게 왔나 이곳이 낙원이네
미륵산 싸고 있는 한려수도 별천지네
시어로 표현하기엔 너무도 부족하네.

4. 진주성

진주성 촉성루에 충무공이 호령하네
논개의 혼이 깃든 의암(義岩)이 살아있네
숭고한 선인들의 우국충정 이어받세.

* 2011. 4월 중순, 남해안 2박3일 여행을 다녀와서

기도하는 마음

이따금 아픈 배로 괴로워한 너를 볼 때
이 애비 괴로운 심정 무엇으로 얘기하리

아무리 위로해도 아픈 심정 다 몰라도
네 에미 슬픈 심사 그럭저럭 알아주렴

지난밤 홀로 떨며 울고울고 지쳤지만
오늘밤 이웃사랑 울고불고 참아내네

무심한 소각장의 밤별들은 반짝이고
지치고 또 지쳐진 환자가족 쓰러지네

오늘의 이 고통이 힘들고도 괴롭지만
고난의 이 역사를 이끌려는 진통이리

아이야 아이들아 모두모두 이겨내어
이 나라 이 겨레의 진짜배기 동량되렴

설중(雪中)에 복(福) 덩어리 탄생(誕生)을 축하(祝賀)하며

윤 양 섭(미술대학)

壬辰年 12月 5日(水) 11時 54分
冬天寒氣속에 白雪의 祝福을 받으며
赤手空拳으로 世上의 빛을 向하여 엄마와 一心二體가 되었다
北漢山의 雄飛한 氣象과 貞陵골의 溫柔한 心性이 서려있구나.

呱呱之聲의 외마디는 驚天動地의 喊聲이요
해맑은 耳目口鼻는 엄마 아빠의 神妙한 調和로구나
오물거리는 입술은 生命의 젖줄을 向한 始動이요
깜박이는 눈은 世上의 아름다움을 찾는 熱情이더라
어디하나 欠缺이 없구나
賀客들은 너를 보고 喜色이 滿面이요, 和氣가 滿身이구나.

一直孫氏 名家의 代를 이을 俊!
엄마 아빠의 새싹이요
가족의 希望이다.
부디 健康하게 자라서
家族간에 友愛 있고, 이웃에겐 幸福 주고,
社會에선 智德 兼備의 棟梁이 되어
地球村의 賢士才人들과 談論하며 人類繁榮의 길에 尖塔이 되어라.

* 2012.12.6. 처음 할아버지가 된 마음

푸른 소망 외 3편

이 종 만(공과대학)

어찌 그리 싱그러운지요!

사방팔방으로 끝없이 너른 벌판
온통 연한 푸르름이 나를 반겨요

맑고 푸른 하늘 흰 구름 두루마리 삼아
온 세상의 포근함이 나를 감싸요

그 기나긴 겨울밤 다 잊어버리고
노오란 들꽃이 푸르름에 빼곡히 둘러싸여
교태 부리 듯 저 마다 고개 들어 나를 반겨요

저들을 벗 삼아 한없이 내 소망 열어
기뻐 샘솟듯 솟아나는 설레는 마음
오늘 하루도 기뻐 뛰며 감사하네요

기도

참으로 안타깝구나!

어찌 이런 일이?
망망 바다 위 희망과 기대를 가득 싣고
아침 햇살 받으며 급물살 가르던 세월호
갑자기 사라져 버렸다네

어찌 해야 할까?
그대들은 꿈이 있었지
그대들은 소망이 있었지
희망과 기대로 가득 찬 어린 생명들
이 꿈 이 소망 다 잃어버렸다네

어찌된 일일까?
누구도 예상치 못한 이 광경을
그는 알고 계셨을까?
마음 한구석 원망으로 가득 차
마냥 연약함을 느끼게 하는구나

오직 이것뿐
우리의 연약한 모습을 그분께 아뢰고

그대들을 불쌍히 여겨주시고
그대들을 자비로 안아주소서

두 손 모아 기도합니다

한 해를 보내며

그대여!
우리가 처음 만난 날
넓은 공대 뜰을 벗 삼아
하루하루 진솔하자고
하루하루 넉넉히 보내자고
일 년 내내 그렇게 하자고
굳게 다짐했었지

그대는
우리에게 꿈이자
우리에게 희망이고
우리에게 기쁨이었지

그런 그대와 함께
우리에겐 뒤틀어짐도
우리에겐 헝클어짐도
우리에겐 아픔도
동행하고 있었지

그렇지만
그대와 동행하면서
참 지혜를 알게 되었지

뒤틀림이 있었기에
반듯함의 참맛을
헝클어짐이 있었기에
정갈함의 참맛을
슬픔이 있었기에
기쁨의 참맛을
느끼게 되었지

그대여!
이제 또다시
그대와 함께
넓은 공대 뜰을 벗 삼아
두 팔을 벌려 힘껏 껴안고
새 꿈의 나래로
새 희망의 나래로
새 기쁨의 나래로
새 날을 향하여
훨훨 힘차게 솟아오르련다.

새봄의 꿈

어찌 그리 아름다운지요!

그리도 힘겨웠던 기나긴 겨울잠 모습은
온데간데없이 사라져 버리고
넘치는 생기로 물든 화사한 모습에
내 마음 감탄과 겸허를 절로 느끼네

넓고 푸르른 맑은 하늘 아래
따스한 아침 햇살 머금은
잔잔한 호숫가 물결 위
내 마음 살포시 띄워놓고 싶네

연녹색 나뭇잎들로 빼곡히 단장한
아름다운 호숫가 거울삼아 비쳐진
저 건너 숲의 동산 위
내 마음 살포시 얹혀놓고 싶네

어우러진 가지마다 나를 반기듯
저마다 일어나 자랑으로 교태부리니
이제 나도 자연 벗삼아 저 높은 봄 하늘 향해
마음껏 훨훨 꿈의 나래를 펼치려네

황태 외 4편

정 성 민(사회과학대학)

대관령 너머 어느 벌판 위에
명태들이 직립으로 눈밭 위에 서있다

통나무 뼈대 층층이
노란 줄 하나에 온 몸을 맡긴 그들은
바다를 잊은 지 오래인양 가시지 않은 물기를
떨궈내고 있다

흔들거릴 꼬리의 방향감도 없고
끄덕거릴 턱의 힘도 허락받지 않으니

썩을 눈깔을 내어주리
남은 살이라도 발라 먹으라

넋 놓은 수백만의
물기 없는 외침으로도 덕장은 세차게 떨린다

조류에 혼자 갈 길을 잃었던가
남들을 좇다보니 내 갈 곳을 잊었던가

편안히 숨이라도 쉬려 벌린 아가리에

터벅터벅 차오르는 빙수만이 먹이야
속절없이 동태가 되어 오도가도 못 하는 일이야
사포같이 살점을 하나씩 긁어가는 바람이야
햇빛의 농간으로 이내 미지근히 누런 눈물을
뚝뚝 흘리는 아침이야

하늘조차 가려버린 눈꺼풀이 무겁다고
단단히 동여맨 줄 하나에
무게를 내려놓을 텐가

거품 몇 개 토해놓고 뒷걸음쳐 가는 바다야
침묵보다 깊은 계곡이 서럽게 우는 밤이야
그 밤이 지나 내장을 스스로 열었다가 닫았다가
셀 수 없이 말라가는 게 겨울이야
돌아갈 곳 바람이 휘감고 가는 쪽
조금은 뜨끈해진 정액이 눈 위에 흐른다

아가리 힘껏 닫아 한 입이라도 베어 물고
나아가 알 한 바가지 낳아보자

덕장에 황금빛으로 하나, 비린내가 피어오른다

버스정류장

오래된 일기장을 펼치니 인적이 드문 길만을 오가는 파란 마을버스가
느릿이 지나간다.

창밖으로 이유 없이 인사를 건네는 첫 페이지가
쏟아지기 전의 벚꽃처럼 예쁘게 칭얼대서

그럴 생각 없었는데 너, 그래 생각 많은 너부터
타지 않을래.

멀미를 하긴 했지만 엄마의 품에서 잠들다 몇 정거장을 지나갔고
잠결에 본 세상은
떨어지는 모든 것들이 피는 꽃잎만큼 달더라.

버스는 시간이 갈수록
직선을 점선처럼 벗어나기 시작했다.

무뎌지는 만큼 무너지는 공기에
내려서 뒤돌아보기 일쑤였다.
그러다
커다란 클랙슨소리에
잠에서 깨었을 땐

꽉 막힌 도로에 나 또한 질서 있게 갇혀있었다.

종착역으로 가는 동안 마주칠 새로운 것들을 생각하며
발버둥치며 잠을 청해도 이정표의 이름이 선명하기만한 날,
그때가 어른이라는 나이가 되었을 것이다.

누런 페이지 몇 개를 지루한 듯 찢어버리고
도대체 몇 번을 더 마주칠지는 모르겠을 버스정류장에서

덜 핀 벚꽃 잎을 물고 있는 아이에게 멍청한 듯 손인사를 건넨다.
조금 더 자는 거야라고 속삭이는 생각이 많은 니가,

비 · 1

– 노래하는 섬

나의 주인이었다. 항상 테이블 위에서 폭풍을 일으켜 육지를 만들어 내던 자이다.

그는 나를 통해 섬들에게 신호를 보냈다. 그들은 밤새 피를 뽑아 제물을 바쳤다. 빈 잔에서 채워지고 비워지고를 반복할 때야 주인의 입속에서 핏덩이들로 변해갔다. 노련하게 내뱉은 핏덩이들이 갈라진 틈으로 끈끈하게 흘러들어 견디지 못할 열기를 뿜어내었다. 시간이 지나 흩어지려는 아우성에도 아랑곳없이 그는 중력의 머리채를 잡아끌었다.

폭풍이 일면 삭막한 바다 위에 꽃들이 피어나고 과일들은 생경하게 솟아올랐다. 섬들은 향기에 눈이 멀어 입으로 눈을 가리고 눈으로 입을 적셨다. 육지가 태어나는 순간은 매일 밤의 축제였다. 물기가 채 가시지 않은 달콤한 껍데기 속에서 이름 모를 안부로 밤새 떨다 아침을 맞았다.

오늘, 비가 오는 날 테이블을 혼자 차지한 주인은 공기를 얻기 위해 초조히 나를 매만지고만 있다. 나에게 의지하는 일은 새롭다. 기꺼이 충전되어 그들처럼 전기라도 제물로 바치리. 전파란 그저 핏기 없는 독백임을 알까. 그는 멀고 작은 섬들에게 연신 말을 건넸다. 애타게 공기를 찾았다. 모레는 아니 내일이면 채워놓겠다고. 그러다 주인이 운다. 혼자만의 테이블을 위한 자릿값은 말라가는 꽃들과 과일로 채워진 안주도 아닌데, 연기도 내지 못하고 허리가 끊어져 쌓이는 꽁초들도 아닌데, 사람들의 시선을 삼켜내는 용기도 아닌데, 열린 술집 창문 틈으로 놀려대는 젖은 비도 아닌데, 그는 울고 또 운다. 태초부터 부여된 섬들의 이름을 잊고 우리라는 덩어리로 육지 되어가던 웅장한 밤을 보았기 때문이다.

먼저 부르면 애타게 부르면 썰물 되어 흩어진다는 것을 알려 하지 않았단 죄로, 피를 나누어 만든 폭풍의 말이 공기마저 탐하는 건 육지만의 환청인 것을, 비틀거리며 걸어 나가는 그의 뒷모습에 섬들의 비웃음을 얹는다.

주인아 울지 마라.

나는 기억한다. 핏덩이도 식어가던 어느 새벽, 쓰린 속을 혼자 달래던 너는 폭풍 속에서 눈 가린 채 도망갈 곳이 없어 하나가 되기도 한 섬들의 노래라는 것을.

비 · 2

– 녈비예 2)

마침 우산이 없어 비를 맞았다.
정처 없이 걷고 싶었는데
익숙한 길을 찾아가고 있었다.

가는 길에
또래의 몇을 보았다.

우리들은 모두 우산을 쓰고 있지 않았는데
그들은 오토바이를 몰고 배달을 가며
흙탕물을 튀기며 땅을 파는 것이고
내일에 넘겨줄 바통을 잡고 있었고

난 어디엔가 있을 결승점을 찾아
책가방이 잠기지 않도록
움직임 같은 것을 하고 있었던 것이다.

며칠을 굶은 강아지처럼 끙끙대는 엔진소리
맨홀뚜껑에 쌓여가는 땀방울들
그것은 섞이시도 않고 기름같이 투명한데

2) 녈비예 : 지나가는 비에, 박인로의 「누항사」 中인용

금빛 월계수를 탐하는 교과서의 페이지들은
얼굴을 숨긴 채 사각거리고
말도 걸지 못하게 부산거리고
습관처럼 한 권의 거리를 떨어져 걷는다.

파닥거리며 집을 찾는 발걸음이 문패도 없는 단칸방에서
세상 가장 따뜻한 밥을 지을 테고
확성기처럼 커져가는 아이들의 깔깔거림은 부모 품에서 일찍 잠들겠지만

바람이 얄밉게 따라와
처마 밑에서라도 잠시 쉬지 못하고
바쁜 척 앞으로 가야 한다.
널비에,
하늘을 올려다보니 정수리에 구멍이 생긴 듯하다.
그 빈자리에 젖은 옷을 말려줄 완주의 폭죽을 쏘아올리며
펴지 못한 페이지들을 위해 가방을 다시 둘러메고
질척거림밖에 응원할 일 없는, 직선 아닌 점선으로 놓여진 트랙을
뛰어가 볼 수도 있는 것이다.

비 · 3

- 진실

와락 쏟아지는 날씨에
핸드폰 하나가 길바닥에 덩그러니

먹은 비를 아가미로 토해내는
남자의 음성

다가가니
오지 말라고

휩쓸려가지 않고 팔딱거리지도 않고
차가워지는 연습 중

태양에 마주선 정오의 온기
빛나던 비늘의 속삭임으로 차오르던
물길 속으로 걸어가

숨이 차 뛰지 못할 때까지
떨 만큼 떨라지

그러다 돌아와 껌뻑거리는 입으로
잡으려는 여자

말라가는 물에
마지막 꼬리를 치려는 핸드폰

맑은 날 패인 자국 선명히 떠올라
지느러미 돌릴 일 없고

추억의 솔밭식당 외 1편

– 나정애 여사께

**최 종 고(서울대학교 법과대학 명예교수,
서울대학교 대학원 동창회장)**

관악산 서울대 캠퍼스
교수회관 옆 솔밭식당

나정애 할머니 일생 묻은
국밥, 칼국수가 있었네.

한 그릇에 3천원
40년 내내 3천원

맛으로야 3만원도 싸지만
학생들 호주머니 책 사 쓰라고

그 학생들 커서 학자되고
큰 인물되는 기쁨으로

45년 흘렀네 서울대의 증인
이제는 헤어질 때가 되었네.

서울대 낙엽제 시작하는 해
한 닢 낙엽으로 내려앉네.

솔밭식당서 채운 원기로
이 사회엔 이웃이 있네

우리 모두 강물되어 바다로 흐르며
인정을 나누네 그때 국밥처럼.

낙엽을 밟으며

– 제1회 서울대 캠퍼스 낙엽제에 부쳐

40년 만에 이렇게 달라졌구나
세월이 캠퍼스를 미화시켰구나.

한때는 학생데모와 경찰의 체루탄
한때는 관악산 폭우 상채기

SNU 캠퍼스 이 숱한 사연들
모두 낙엽 되어 무르익었구나.

그 위를 걷는다, 낙엽을 밟는다
그때의 사건들은 추억으로 돌리고

이제는 자하 신위선생도 생각하고
괴테도 헤르만 헷세도 생각하며

낙엽이 무엇인지 물으며 걷는다
낙엽의 자화상을 보며 걷는다.

여름의 허장성세는 쉽지만
고운 낙엽의 인생 쉽지 않으리

보고 싶어 외 4편

최 해 영(경영대학)

이 世上의 萬物이 얼어붙어 있던
酷毒한 추위를 견디기 爲하여
두텁고 어두운 색의 옷을 입었던
너의 움츠린 모습에서 벗어난
生動하는 너의 모습이 보고 싶어

이 世上의 萬物이 얼어붙어 있던
몹시 심한 추위를 녹이기 爲하여
정답고 포근한 따뜻한 마음씨로
活潑하고 生生한 기운이 넘쳐흐르는
살아 움직이는 너의 모습이 보고 싶어

이 世上의 萬物이 얼어붙어 있던
酷甚한 추위를 떨치기 爲하여
눈부신 따스한 햇살을 비추어
꽃과 나비 무늬의 옷으로 갈아입은
알록달록한 너의 모습이 보고 싶어.

圓寂山의 이른 봄

아직껏 꽃샘추위가
싹 가시지 않은 듯이
부드럽고 가볍게 스치는
솔솔바람이 살랑댈 때

四方이 쥐 죽은 듯이
閑暇롭고 고요하기만 한
利川의 靈源寺를 지나
緩慢한 稜線을 따라서

아기자기한 맛을 느끼며
오르락내리락 되풀이해
첫 번째 봉우리 圓寂峰에
엉금엉금 기어 올라가니

한눈에 펼쳐진 利川 들판
圓寂峰과 稜線으로 이어진
圓寂山의 頂上 天德峰에서의
까마귀 群舞를 바라보고는

떨어지지 않는 발걸음을
재촉해 빨리 서둘러서
下山하는 길에 療飢하고
落水齊 瀑布를 지나니

山자락을 휘감은 듯
앙상한 가지가지마다
두드러지게 붉거진
꽃망울 진 노란 山茱萸.

철쭉꽃

가지가지 꽃들로 도두보이는 山!
山등성이를 따라 繡놓은 꽃들 中
바람결에 실려 온 숲 냄새 속에서
하양, 노랑, 軟粉紅, 淡紅의 무리는
甘味로운 情感을 느끼게 하는구나

따스한 햇볕이 내리쬐고 있는 봄!
한창 어우러지게 피어있는 꽃들 中
倒卵形의 손바닥을 먼저 펴 보이며
軟粉紅 漏斗 얼굴에 赤葛色 斑點은
보면 볼수록 魅力的으로 보이는구나

新綠의 季節인 季節의 女王 五月!
아주 흐드러지게 피어있는 꽃들 中
무엇이 부끄러운 지 붉게 上氣되어
惟獨 많이 보이는 軟粉紅 철쭉은
스스러워하는 아가씨의 볼 같구나.

능소화(凌霄花)

朱明이 이글거린 朱夏
무언가를 보려는 듯이
어느 甓牆을 기어오른
덩굴을 따라 주렁주렁
피어나는 朱紅色의 꽃

어디서 멀리 들려오는
무슨 소리를 들으려고
花瓣을 넓게 펼치면서
덩굴로 휘감긴 甓牆의
발그스레 紅潮된 모습

花冠이 통짜로 落花해
그 落紅하는 瞬間까지
鮮明 色調와 毅然함을
그대로 간직하고 있는
華麗하고 고운 凌霄花.

鬱陵島의 風光

맑게 갠 파란 하늘 아래
閑暇롭게 노니는 갈매기
출렁거리는 거센 물보라

波濤치는 바닷물과 함께
흰 물거품이 어우러지는
東海 앞 떠 있는 火山섬

太古의 原始性을 그대로
깎아지른 海岸의 絶壁과
鬱陵島의 頂上인 聖人峯

눈앞에 펼쳐진 風光明媚
自然美를 뽐내는 鬱陵島
神秘로운 섬 아름다워라.

Chapter 3
동시

최해영(경영대학) - 봄비 외 4편

봄비 외 4편

최해영(경영대학)

화사한 웃음을 띤
임이 그리워
눈물을 흘리듯
똑-똑

떨어진 빗방울로
촉촉하게 젖는 대지에
방울방울
땅속으로 스며들어

스민 물방울이
생명의 씨앗에
활력소가 되어
새 삶을 찾게 된다면…

촛불

비록 내 몸이 아프긴 하지만
사랑하는 너를 위하여
광명을 줄 수 있다면
그 모든 아픔을 참고
이 한 몸 모두 희생하지요

나 자신을 태우고 있는 동안
한없이 눈물을 흘리고 있지만
슬퍼서 우는 게 아니라
너에게 어둠을 밝힐 수 있다는
기쁨의 뜨거운 눈물이지요

눈물과 함께 불사르고 있는
나 자신이 사랑하는 너를
온자하게 감싸 안아주듯
어슴푸레하게 밝혀준 것은
바로 그 희망의 빛이지요.

곶감

해마다 음력 팔월
감나무의 열매인
단단한 날감을 골라
그 껍질을 벗기어
줄에 꿰인 벌거숭이

눈과 비를 피하여
바람이 잘 통하는
헛간에 장대를 걸어
높이 달아 말리니
주름 잡혀 쪼글쪼글

햇볕에 잘 말리어
떫디떫었던 맛이
그 꼬리를 감추고는
흰 가루를 둘러쓴
쫀득거린 달콤한 맛.

눈자라기 손

오동통
보동보동
통통하게
살진 손

오동보동
보드랍게
고사리 같이
곱고 예쁜 손

내가 닮고 싶은
순수함이 가득한
보들보들한
눈자라기 손.

하늘을 쳐다보며

이 세상 속에서
앞으로 어떻게 하면
좋을지 몰라 막막할 때
위를 쳐다보세요.

이 세상 속에서
이보다 더 높은 곳이
이보다 더 넓은 곳이
또 있을까요?

이 세상 속에서
지평선이나 수평선 위로
끝없이 펼쳐진 넓은 공간
가슴이 확 트이지요?

이 세상 속에서
살고 있는 나 자신
더 높고 넓은 곳을 향해
내 꿈을 펼치세요.

Chapter 4
수필

거울 외 2편

남 명 모(전 서울대 경리과)

"충치가 하나 있네요!"

스케일링을 하던 간호사는 거울을 건네주며 들여다보라고 했다.

"안경을 두고 와서 잘 안 보입니다만."

"치아와 치아 사이라 눈에 잘 띄지 않아, 저도 지나쳐버릴 뻔했어요."

이사 온 후, 두어 해 동안이나 치과를 찾지 못했음을 후회했다. 지금이나마 충치를 찾아준 간호사가 고마웠다. 하지만 충치를 치료하려면 이태 전에 금으로 씌운 치관을 뜯고 다시 보철을 해야 하는 어려움이 있다고 했다. 간호사는 지금 바로 치료하지 않으면 충치가 신경까지 뚫고 들어가, 공사가 커진다고 겁을 주었다. 원장도 와보고는 내일부터 시작하든지 늦어도 다음 주까지는 예약하라고 재촉했다.

보철비용도 만만치 않았다. 경제위기 이후에 금값이 치솟아 보철비마저 덩달아 올랐단다. 먼저 씌운 금을 재활용할 방법이 없을까 물어보니 간호사는 그건 폐기물이라고 했다. 나는 또 주책을 떤 사실이 부끄러워 얼른 다음 주부터 치료하기로 예약을 했다.

공교롭게도 다음날 보험공단 건강검진이 예약되어 있었다. 아침밥을 굶고 건강관리협회로 가서 종합검진을 받았다. 마지막 순서에 때마침 치과 검진도 받게 되었다. 칫솔질을 못하고 온 것이 미안하여, 충치가 하나 있다는 사실을 미리 말하고 대충 보아달라고 했다. 의외로 꼼꼼히 살피던 의사는 문제되는 치아가 없다고 하며 『현재 치아와 입안이 건강합니다.』에 동그라미를 쳤다. 전날 동네치과에서 찾아낸 충치를 못 보았다면 말도 안 된다.

그냥 돌아가려다 좀 별나 보일 셈하고 다시 들어갔다. 의사는 충치 비슷한 것이 보이기는 하나, 치료하기 보다는 그대로 두는 쪽이 더 유익하다며 거울을 들여다보라고 했다. 나는 또 안경 타령을 했다. 의사는 늙은이의 충치는 진행이 느리기 때문에 복잡한 치료를 하고 다시 씌우는 것보다는 칫솔질을 철저히 하는 편이 오히려 났다고 조언했다. 그리곤 하루에 몇 번 칫솔질을 하느냐고 다그치듯 물었다. 하루 한번이라고 했더니, 어린애 꾸짖듯 하루 세 번으로 늘리라고 했다. 나는 칫솔질을 할 땐 거의 스케일링 수준으로 철저하게 닦는다. 하루에 한번이지만 그렇게 닦으면 되지 않느냐고 변명하려는 순간, 더 이상 말붙일 틈을 주지 않고 다음사람을 호명했다.

더 큰 고민이 생겼다. 동네치과에서는 치료가 급하다 말하고, 검진의사는 안 해도 된다니 누구 말을 따라야하는가.

충치치료가 예약된 월요일, 치과엘 가야하나 말아야하나 갈등을 겪는 중에, 뜻밖의 전화가 왔다. 이사 오기 전, 단골로 다니던 치과원장이었다. 수년전 그녀에게서 임플란트 하나를 시술한 인연으로 가끔 연락이 있었다. 그동안 미국연수를 다녀온 후 역촌동에서 다시 개업을 했으니 구경 한번 나오라고 했다. 그렇잖아도 동네치과와 검진치과의 소견이 달라 고민하던 터라 이 기회에 판정을 받고 싶었다.

지하철을 갈아타며 역촌동엘 찾아갔다. 원장은 물론 간호사들까지 큰 고객이나 온 듯 반가워했다. 그들은 첨단기기가 설치된 엑스레이실로 데려가 잇몸과 치열부터 촬영했다. 촬영 자료를 토대로 입속을 샅샅이 살펴보더니 충치는 안 보인다고 했다. 나는 동네치과에서 충치가 있다고 하던 위치를 가리키며 거기를 잘 보라고 했다. 다시 세심하게 살피던 원장은 좀 수상한 곳이 있긴 하지만, 충치는 아니니 거울을 들여다보란다. 나는 또 안경을 두고 온 걸 후회했다. 충치는 없지만, 단단한 음식을 씹어 치아 끝이 약간 떨어진 곳이 있다고 했다. 원장은 그 부분만 때우면 별문제 없겠다며, 능숙한 솜씨로 땜질을 했다. 멀리서 와주어 고맙다는 인사를 거듭하며 오늘 검사비와 치료비는 무료라는 말을 덧붙였다. 나올 때 간호사는 치아관련 선물도 이것저것 챙겨주며 6개월 단위로 체크하기를 당부했다.

머리가 더욱 혼란해졌다.

'한 분은 충치가 심각하니 신속히 치료를 하라, 한 분은 경미한 충치라 치료가 불필요하다, 또 한 분은 아예 충치가 없다.'

생각해보면 우리는 참으로 냉혹한 세상에 살고 있다. 말 그대로 눈감으면 코까지 베어갈 세상이다. 비전문가라 봐주는 일 없고, 나이 먹었다 대접하는 세상도 아니다. 동네라고 양심껏 말하지도 않으며, 단골이라고 믿을 일도 못된다. 또한 공단이라고 그 판단이 절대적일 수도 없다.

그런 중에도 놓쳐서 안 될 사실 하나가 있다. 세 곳에서 모두 하나같이 내게 거울을 건네준 일이다. 거울 속 당신을 보고, 최종 책임은 당신 몫으로 여기라는 뜻 아니겠는가. 그런데도 나는 남의 일인 양 거울보기를 마다하고 책임을 다른 사람 탓으로만 돌리려했다.

그러고 보니 세상에서 가장 거짓 없이 진실을 말하고 있는 물건이 거울이다. 거울이야말로 누구의 편도 아니며 꾸밈없이 있는 그대로의 나를 비춰주는 도구이다. 나이 많다 핑계대거나 돋보기 두고 왔다고 발뺌하고선 나중에 딴말하는 건 비겁한 일이다. 그래, 거울을 분명히 들여다보고 판단도 내가하고 책임도 내가 져야한다.

그런 이치가 어디 치과뿐이겠는가. 모름지기 나를 비추는 거울 하나는 품고 다니다, 때때로 옷깃을 여미며 스스로를 살펴야한다. 남이 내미는 거울이 아니라 내 지신의 거울, 누가 뭐래도 흔들림 없는 거울말이다.

장사는 아무나 하나

오늘 고구마 여섯 상자를 캤다. 작년까지만 해도 고구마는 베란다에 보관해두었다 이듬해 봄까지 요긴하게 먹었는데, 금년에는 사정이 달라졌다. 딸네가 미국 가기 전 모든 세간을 우리 아파트에 갖다놓아 고구마까지 들여놓는다면 집이 너무 복잡해진다. 그래서 금년에는 아침나절에 고구마를 캐면 오후에 내다 팔아야 되겠다고 마음먹었다.

생전 장사라곤 해본 적 없지만 남보다 싸게 팔면 되지 않겠는가. 10kg짜리 박스를 만들어 2만 원씩 받기로 했다. 아내는 마트의 반값밖에 안 되는 이 가격이면 도둑놈 뒷전에 가도 팔릴 거라 장담했다. 마을입구 사거리에 전을 벌리려 나갔다. 고구마 상자를 실어다준 아내는, 친구네 결혼식에 간다며 일찌감치 달아나버렸다. 까짓 고구마 여섯 상자를 두 사람이나 붙잡고 있을 필요가 없기도 했다.

하지만 그 일이 그렇게 녹녹치 않음을 곧 알게 되었다. 한 시간이 지나도록 거들떠보는 사람이 없었다. 그때 작은 트럭 한 대가 우리 고구마 상자 앞에 정차했다. 기사가 내리더니 한 박스에 얼마냐고 물었다. 2만원이라고 하자, 대뜸 1만 팔천 원에 팔라고 했다. 소위 마수걸이라 그렇게 팔고도 싶었지만 손님의 반응도 알아볼 겸 일단 안 된다고 응수했다. 어깨가 벌어지고 당차게 생긴 그는 막무가내로 잘라 말했다.

“나도 장사꾼인데 그걸 다 주고 사겠어요?”

내가 대답할 틈도 주지 않고 돈부터 건네주는 게 아닌가. 그야말로 일방적이었다. 그는 홍시박스를 싣고 온 감장수였다. 내게 산 고구마 상자를 운전석에 던져놓은 그는, 트럭을 그 자리에 세워둔 채 홍시를 팔기 시작했다. 차에 가려진 우리고구마는 안중에 없는지, 미안하다는 말은커녕, 일언반구의 변명도 없었다. 낌새를 보아하니 그 자리는 감장수의 단골자리인 모양이었다.

고구마 한 상자를 팔아준 의도가 순전히 자리를 뺏기 위한 수순이었다고 생각하니 괘씸했다. 하지만 싸워봐야 힘으로나 말로나 당할 재주가 없을 것 같았다. 순순히 자리를 내놓고 옆자리로 가 다시 전을 벌리는 수밖에 없었다.

그 자리가 명당이라도 되는지 감 장수에게만 사람이 북적거렸다. 홍시는 봉지로 팔기도 했으나, 박스째 사가는 사람이 더 많았다. 미리 주문이라도 한 사람들처럼 떼거리로 몰려와 사가기도 했다. 홍시박스가 순식간에 줄어드는데 우리고구마 주변엔 기웃거리는 사람조차 없었다. 정말 자리 탓인가.

두어 시간이 지난 뒤에야 내게도 한 아주머니가 다가왔다. 그녀는 고구마 박스 아래위를 완전히 뒤집어가며 '이건 왜 이렇게 못생겼느냐? 호박고구마 속에 웬 밤고구마가 섞여 있느냐?' 트집을 잡았다. 값을 깎으려고 그런다싶어 여차하면 가격을 깎아 줘야지 생각하고 있는데 차를 가지고 오겠다며 일어섰다. 그녀가 박스하나를 골라놓고 조금 뒤에 오겠다고 하니 그렇게 고마울 수 없었다.

그사이 날이 어둑어둑해졌다. 아파트에서 몰려나온 아주머니 네댓 명이 고구마박스를 둘러쌌다. 이제부터 정말 팔리는가 싶었다. 하지만 그 중 한 아주머니가 '밤에 파는 물건은 문제가 있다, 오죽하면 어두운 곳에서 팔겠느냐'하며 시쳇말로 초를 치는 바람에 다른 여인네들마저 슬금슬금 자리를 뜨고 말았다. 차를 가지고 오겠다던 아주머니도 감감 무소식이었다.

내가 그렇게 시간만 때우는 동안 감장수는 감을 다 팔았는지 빈 박스를 트럭에 쌓기 시작했다. 트럭위에서 나를 물끄러미 내려다보던 감장수는 안됐다는 표정으로 차에서 내려오더니 팔다 남은 거라며 홍시 다섯 개를 건네주고는 시동을 요란하게 걸었다.

홍시는 모두 꼭지가 빠져 있었다. 꼭지 빠진 감을 보니 끝내 녀석이 나를 물렁하게 보는구나싶어 옆으로 밀쳐두었다.

시간이 갈수록 배가 고파오기 시작했다. 아침 일찍부터 고구마 캐느라 아침밥도 건성으로 먹고 나선 데다, 점심까지 못 먹었으니 그럴 만도 했다. 어디 가서 뭘 좀 먹고 싶어도 차를 가지고 오겠다던 그 아주머니를 행여 놓칠세라 자리를 뜰 수 없었다.

먹어야 양반이라고 했던가. 꼭지 빠진 감이라도 먹기로 했다. 홍시를 먹으려면 꼭지부터 빼는 게 순서이니, 꼭지 없는 것이 그리 큰 탈도 아니었다. 감 세 개를 연거푸 먹고 나니 좀 견딜만했다.

배가 부르면 마음도 느긋해지는지. 묘하게도 감장수의 텃세가 이해되기 시작했다. 그의 말대로 그는 장사꾼이다. 장사꾼이 터를 지키는 일은 본능이라 할 수 있다. 터는 바로 밥줄이기 때문이다. 아프리카의 치타가 사슴의 목을 조른다고 선악을 따질 수 없는 것처럼 장사꾼이 터를 지키는 일은 생존을 위한 방식이 아닐까. 다만 그는 염치를 가진 인간이기 때문에 터를 지키기 위해 불필요한 고구마 한 상자 값을 지불했을지도 모른다.

차를 가지고 다시 오겠다던 아주머니는 끝내 오지 않건만, 시월의 밤 공기는 점점 더 차가워지고 있었다. 감장수가 떠난 빈터에는 감을 파는 틈틈이 나를 안쓰럽게 건너다보던 그의 선한 눈빛이 자리를 메우고 있었다.

한 줄의 편지

"청소부라도 좋고, 문지기라도 좋아. 서울 땅에 발만 붙일 수 있게 해다오."

제대 일주일을 앞두고 정 상병에게 부탁한 말이다. 그의 아버지는 변호사이고 어머니가 철강회사 사장이라면 나 하나쯤 받아 주기는 어렵지 않으리라. 정 상병은 어머니 회사 쪽을 택해주었다. 그 회사 상무로 있는 자기 형님을 찾아가면 된다면서 편지 하나를 써 봉투에 넣어주었다. 봉투를 받아든 순간 내 머리는 안개 걷히듯 맑아졌다.

나는 군에서 운이 좋아 사단사령부 부관부에 근무하고 있었다. 내가 상병이었을 때 그가 신병으로 이등병 계급장을 달고 조수로 들어왔다. 모 대학 영문과 재학 중 입대했다는 그는 무척 착실해 보였다. 자기 일을 알아서 척척 하는 그에게 잔소리할 여지가 없었다. 그러니 군대에서 하늘과 땅같이 엄격한 사수(射手)와 조수(助手) 관계를 떠나 인격적으로 대우하기가 수월했다.

입대하기 전, 나는 아버지 밑에서 농사일을 돕다가 왔지만 손바닥만 한 농토에 열 식구가 매달리기는 무리라고 여겨왔다. 제대 후에는 엎어지든 자빠지든 집을 나와야 된다고 마음먹고 있던 차에 보기 드문 집안의 아들을 만났으니 이런 행운이 어디 있겠는가.

제대 하던 날 정 상병이 써준 편지를 다시 꺼내보았다.

"형님, 이 사람을 잘 부탁합니다."

편지는 단 한 줄이었다. 좀 더 구체적으로 소개 받지 못한 아쉬움이 있었으나, 몇 자 안 되는 이 속에 모든 사연이 포함되어 있다고 믿었다. 이 편지 한 통을 보증수표처럼 간직하고 고향으로 내려갔다. 부모님께는 서울에 취직이 된 거나 다름없다고 말하고 여비와 함께 보름정도 쓸 수 있는 돈을 마련했다. 부모님이, 비탈 밭 서마지기에서 정성을 다해 재배한 감자를 하나도 남기지 않고 팔아 모은 돈이었다. 한여름 뙤약볕에 감자를 이고 지고, 장마당까지 수십 번도 더 날랐을 부모님의 모습을 떠올리면 서울이고 뭐고 다 그만두고 싶었다. 서울에서 자리가 잡히면 기필코 이 돈부터 먼저 갚아야겠다고 다짐하며 집을 나섰다.

버스로 3시간, 다시 완행열차로 8시간을 달려서 청량리에 내렸다. 장마철도 아니건만 장대비가 청승스럽게 쏟아졌다. 비닐우산 한 개를 사면서도 부모님의 피땀 같은 돈을 축내기가 아까웠다.

"마포, 번개표 형광등회사 앞, 극동철강"

정 상병이 적어준 주소이다. 버스를 세 번 갈아타고서야 마포 종점에 내렸다. 번개표형광등회사(마포산업)가 보였다. 안도의 숨을 쉬었다. 이 근처 어디쯤에 있을 극동철강만 찾으면 오늘 저녁부터 나는 서울 사람이 된다고 생각하니 가슴이 뛰었다. 흥분을 누르며 서울에 살면서 내가 지녀야할 마음자세가 무엇인가를 다짐해보았다.

"단디 하그레이!"

평생 농사만 지어오신 아버님이 집을 떠날 때 한마디 일러주신 말씀이다. 아버님의 표정만 보아도 그 말속에는 온갖 당부가 다 담겨있음을 느꼈다. 성실하라, 인내하라, 신용을 지키라……, 무슨 험한 일이 맡겨지더라도 이 말만 명심하면 나를 버릴 사람은 없으리라 마음을 다잡았다.

나는 별 힘들이지 않고 근처에 있는 철강회사를 찾을 수 있었는데 '극동 철강'이 아니고 지금은 이름도 기억이 나지 않는 무슨 철강 간판이었다. 근처 파출소에 가서 물어보았다. 아니나 다를까. 이 근처에는 극동철강은 없다고 했다. 어쩌면 정 상병이 잘못 적었을 수도 있지 않는가. 나는 그 무슨 철강이란 회사의 정문으로 들어가 정 상병의 형님 정 아무개 상무의 이름을 대어보았다. 수위아저씨는 고개를 저으며 회사를 통틀어 그런 사람이 없다고 했다. 상상도 못했던 사실에 망연자실한 나는 하룻밤을 뜬눈으로 새웠다.

이튿날 정 상병의 고교 동창이라던 박정민을 만나러 효자동으로 갔다. 우리부대에서 근무하다 정 상병이 들어오기 직전에 제대했던 군대 선배이다. 나의 자초지종을 들은 박정민의 말이 충격적이었다.

"짜슥이 영문과는 무슨 영문과냐? 공부는 잘했지만 대학갈 형편이 됐어야지!"

어이가 없었다. 박정민의 그다음 말은 더 기가 찼다.

"짜식은 아버지가 안계셨거덩."

당시 군대에서 있을 수 있는 일이었다. 가령 농촌에서 입대한 사람이라면 자기 집에 논 50마지기, 100마지기는 용인된 허풍이었다. 못산다고 해봐야 보태주는 사람 없고, 잘산다고 한들 누가 뺏어갈 일도 아니기 때문이다. 여하튼 모두가 어려운 시절이었으니 그렇게 허세 떨며 군대 3년이나마 기죽지 않고 지내다 가기를 바랐을 게다. 설마한들 정 상병마저 그러리라곤 꿈에도 상상하지 못했다.

박정민이 흥분을 하며 당장 정 상병한테 연락하겠다는 걸 말렸다. 그런다고 뭐 달라지는 게 있겠는가. 나의 제대 날을 앞두고, 지금까지 거짓말을 해온 사실을 실토하기가 죽기보다 어려웠을 정 상병의 심정에 연민이 느껴졌다. 형님에게 편지를 써달라는 선임의 재촉에 얼마나 곤혹감이 들었을까. 마음에도 없는 편지를 쓰려고 몇 날 몇 밤을 고민했을까. 끝내 단 한 줄의 편지 밖에 쓸 수 없었던 그 심사가 오죽했겠는가?

새삼 그때를 돌아보니 정 상병이 아니었다면 서울 행 열차를 그렇게 쉽게 탈 수는 없었으리라. "이 사람을 잘 부탁합니다." 받을 사람도 없이 쓴 정 상병의 한 줄의 편지가 서울의 산하에 메아리가 되었을까. 60년대 그 어려운 여건에서도 서울의 하늘은 부족하고 못나기 짝이 없는 나를 받아 주었고, 사랑하는 사람을 만나 보금자리를 만들고 건강하게 살게 하였다. “단디 하그레이”라는 아버님의 말씀도, 또 다른 한 줄의 편지가 되어 내가 힘들고 어려울 때마다 좌절하지 않도록 용기가 되어 주지 않았던가.

부끄럽고 멋쩍은 얼굴로 ‘한 줄의 편지’를 내손에 쥐어주었던 그 정상병은, 지금 이 시간 어느 하늘 밑에서 같이 늙어가고 있을까.

대관령 국유림에서 금강소나무를 심고 와서 외 1편

박 현 우(치의학도서관)

지상의 소나무는

지상의 소나무는 하늘로 뻗어 가고
하늘의 소나무는 지상으로 뻗어 와서
서로 얼싸안고 하나를 이루는 곳
그윽한 향기 인다 신묘한 소리 난다

시상의 물은 하늘로 흘러가고
하늘의 물은 지상으로 흘러와서
서로 얼싸안고 하나를 이루는 곳
무지재 선다 영생의 무지개가

지상의 바람은 하늘로 불어가고
하늘의 바람은 지상으로 불어와서
서로 얼싸안고 하나를 이루는 곳
해가 씻기 운다 이글이글 타오른다

2011년, 소나무에 관한 글을 검색하다 알게 된 水然 박희진 시인으로부터 전국의 명품 소나무를 찾아다니는 「솔바람 기행」이라는 모임이 있다는 것을 알게 되어 「솔바람 기행」에 가입하였으나 행사에 참여하기는 이번이 이제 두 번째이다. 「솔바람 기행」에 가입을 하고 나니 『솔바람 통신』이라는 소식지를 받아 보게 되었는데 거기에 소나무만 찍으시는 사진작가 정국현 님의 사진집을 소개한 글을 보고 소나무 사진집 두 권을 15만원이나 주고 샀고, 인터넷을 뒤져 박희진 시인의 소나무 관련 시집은 거의 구입을 한 것 같다. 아찔해하던 아내의 얼굴이 아직도 어른거린다.

솔바람 기행에 참석한 첫 번째 행사는 금년 3월 1일 우이동 솔밭공

원에서 이루어진 水然 박희진 시인의 『소나무 수필집』 헌정 모임이었다. 그동안 전화상으로만 통화를 하던 박희진 시인을 직접 만나 뵙고 인사도 드리고 행사가 끝난 뒤에는 임무상 화백, 청원 이영복 화백, 작곡가 변규백 선생님, 수연 선생님을 내 차로 모시고 박희진 시인님의 댁을 방문하여 담소를 나눌 수 있는 영광스러운 기회도 있었다. 그 날 우이동 공원에서 水然 선생님이 쩌렁쩌렁한 육성으로 낭송을 하시고, 변규백 선생님이 곡을 붙인 『지상의 소나무는』 이란 시가 아직도 입가를 맴돈다. 水然 선생님은 그날 참석하신 모든 분들에게 『소나무 수필집』 을 증정해주셨다.

전국적으로 봄비가 오던 20일(토) 오전 7시 20분에 회원 28명이 광화문 뒤편에서 출발하여 금강 소나무를 심을 강릉으로 갔다. 강릉으로 가는 세 시간 동안 비는 그치지 않고 계속해서 내렸다. 세 시간을 달려가 강릉시 성산면 어흘리 산1-1번지에 도착하니 신응수 대목장님, 강릉국유림관리사무소 이완교 소장님, 신응수 대목장과 함께 일하는 경복궁 복원팀 등 37명이 우리를 기다리고 계셨다. 이번 식목행사는 솔바람회 28명 경복궁복원팀 37명 도합 65명이 함께 금강송 묘목을 심은 식목행사였다.

기념촬영을 한 뒤 2인 1조가 되어 곡괭이 하나와 20개의 묘목이 들어 있는 봉투를 하나씩 받아 들고 나무를 심었다. 다행이도 봄비가 흡족하게 오셔서 구멍을 파기가 무척 쉬었다. 평생 삽질한번 제대로 해보지 않았던 내가 40도가 넘는 경사에서 곡괭이질을 하고 소나무 묘목을 심어보았다. 나는 곡괭이로 구멍만을 팠는데 옆에서 나무를 심던 어느 여자 분이 나무를 심어보라고 해서 금강송 묘목을 하나 심었다. 구멍에 흙을 덮어 주며 그 어린 금강송 묘목에게 이렇게 말을 해주었다.

묘목아
묘목아
어린 금강송 묘목아
죽지 말고 수백 년을 살아
조선의 맥을 잇는 기둥과 대들보가 되어다오.

두 손으로 묘목에 흙을 덮어 주면서 "내가 심은 어린 금강송 묘목이 하늘을 향해 쭉쭉 벋고 둘레를 키워 궁궐의 대들보가 되어 조선의 맥을 계속 이어가길 기원했다." 수백 년 된 큰 금강송들이 모두 이보다 작은 묘목에서 시작하였다는 것이 정말 신기하지 아니한가? 자연의 생명력은 정말 위대하다.

나무를 심은 뒤 우비를 입은 채로 차일 밑에 모여 앉아 점심을 먹었다. 밥을 먹는 동안에도 봄비는 우리 곁을 떠나지 않고 실비로 우비 위에 살포시 앉으며 우리의 눈치를 보는 듯했다. 점심을 먹고 난 뒤에

「인디언 수니」 라는 가수의 노래 공연이 있었다. 나무를 심을 때 옆쪽에서 묘목 주머니를 들고 다니고, 식목을 한 뒤에 나에게 사진을 찍으라고 포즈를 취해준 그 여인이 「인디언 수니」 라니! 40~50대의 중년들이 가장 많이 듣는 CBS의 『최백호의 낭만시대』 라는 프로에서 출연하여 최백호와 대담을 하던 어렴풋한 기억이 그녀의 뒷모습이 멀리 사라진 뒤에 떠올랐다. 그 「인디언 수니」 가 여기에 있다니! 나는 그녀의 노래를 열심히 동영상에 담았다. 통기타 반주에 맞추어 노래를 부르던 「인디언 수니」 를 다시 보기 위해서…….

공연을 마치고 90년 전인 1923년에 우리들의 선조가 솔씨를 뿌려 소나무 숲을 이루고 있는 도둑재로 자리를 옮겼다. 도둑재로 들어가는 길은 빗물로 젖어있어 나에게는 엄두가 나지 않았다. 내 페이스대로 천천히 가고 있는데 앞에서 작곡가 변규백 선생님이 "저기 저 소나무 멋있지 않아요? 나는 이것으로 충분합니다."하시면서 나에게 "여기서 한번 사진을 찍어 보세요."라고 구도까지 잡아주셨다. 변 선생님이 말씀해주신 곳에서 사진을 몇 장 찍고 돌아가니 사람들은 벌써 돌아오고 있었다. 앞서 가시던 변 선생님은 저 앞에서 오카리나로 "대니 보이"를 연주하고 계셨다. 실비가 내리고 안개 자욱한 강원도 숲속에서 듣는 청아한 오카리나 소리는 우리 모두를 행복하게 하였다.

90년 전 1923년에 우리들의 선조가 솔씨를 뿌려 조성했던 강릉의 도둑재 솔숲을 솔바람회원들이 찾았듯이 90년 뒤 우리들의 후손이 2013년 선조들이 심은 21세기의 솔숲을 찾는 미래의 모습을 상상해본다.

도서관(圖書館) 벽에서 만난 인류의 잠언(箴言)

2007년 무렵 일본의 대학도서관에 근무하는 관리자급들이 주로 기고하는「大學圖書館の硏究」에 미국 일리노이(Illinois) 주립대학 도서관 모텐슨 센터(Morteson Center)에서 연수를 마친 연수기를 기고한 글을 읽은 적이 있다. 이러한 연수내용이 있다는 정보를 김영애 선생님에게 알려 드렸고, 김 선생이 당시 박명진 관장님에게 보고하여 2008년 박정주 선생님과 최미순 선생님이 모텐슨 센터에서 8주간 연수를 하였고, 다음 해인 2009년 9월 14일부터 10월 28일까지 내가 교육을 받고 돌아왔다. 그 뒤 김미향 선생님이 3주간 연수를 다녀오셨으나 모텐슨 센터 연수가 계속 이어지고 있지 않은 것 같다.

나는 7주간 교육을 받았다. 교육내용은 Information literacy, 도서관 마케팅, 프로젝트 관리 등과 같은 세미나와 인근 지역 도서관 방문 및 도서관 대회 참여 연수자가 근무하는 도서관의 소개 등으로 구성되어 있었다. 이 기간 동안에 도서관과 인연을 맺으면서 수없이 들어온 OCLC, 미국 도서관 협회ALA, 유명한 시카고 공공 도서관을 방문할 수 있는 기회도 있었다. 언론에 자주 등장하는 시카고(Chicago)라는 유명한 도시가 연수지역인 일리노이 주에 있다는 사실도 처음 알게 되었고, 연수기간 동안 1박 2일 시카고에 머무를 수 있는 기회도 있었다.

연수기간 동안 방문하였던 공공도서관의 편리하게 설계된 디자인에 대한 느낌은 다른 기회에 말씀드리기로 하고 이번에는 도서관 벽에서 만난 인류의 위대한 사람들의 잠언을 통해서 도서관의 의미를 한 번 되새겨 보는 기회를 소개하고 싶다. 그래서 제목을 도서관 벽에서 만난 인류의 잠언箴言이라고 붙였다.

일리노이주립대학의 학부도서관에서. OCLC에서, 시카고 공공도서관에서 도서관의 의미, 책과 독서의 의미에 대해서 다시 한 번 깨달을 수 있는 기회가 있었다는 것은 한 사람의 사서로서 영광이었고 자부심도 느낄 수 있었다.

■ 일리노이 주립대학 학부도서관에서 만난 잠언

일리노이 주립대학 학부도서관에는 "영감과 힘의 원천인 책을 이용할 줄 아는 사람에게 책은 살아있다.(Books are alive to the man who knows how to use these sources of inspiration and power.)"라는 문구가 돌에 새겨져 있다.

이 문장이 새겨져 있는 돌의 잉크가 많이 지워져 처음에는 무슨 뜻인지 모르고 지나치다 어느 날 커피를 마시면서 자세히 읽어 보니 위와 같은 문장이었다. 영감과 힘의 원천이 책이라는 평범한 말에 가슴 뭉클한 감동을 받았다.

■ OCLC에서 만난 잠언

OCLC는 오하이오주 더블린에 있는데 일리노이주 샴페인에서 버스로 약 6기간 정도 걸리는 거리에 있다. 샴페인에서 동트기 전인 캄캄한 새벽 6시에 출발하여 12시가 넘어서 시카고에 도착하였다. OCLC는 두 개의 큰 건물로 이루어져있다. 식당이 있는 건물로 먼저 안내되었는데 관계자가 나오기 전에 잠시 기다리는 동안에 복도를 걸으면서 사진을 찍다 판넬에 새겨진 다음과 같은 문장이 눈에 들어왔다. "Tomorrow's leaders walk through the doors of your school library every day.

You give them the tools for the journey.(내일의 지도자들이 여러분들이 일하고 있는 학교 도서관을 매일 지나간다. 여러분들은 그들이 여행하는데 필요한 도구를 제공하고 있다.)

판넬에 쓰여진 문장의 의미를 알고 나서 감흥을 받아 다른 판넬에 쓰여 진 문장도 읽어 보았더니 각각 공공도서관, 대학도서관, 전문도서관의 서비스 정신과 철학에 대한 내용을 담고 있었다. 그 판넬의 문장을 통해서 사서는 도서관 안에서 이용자에게 어떤 마음으로 서비스를 해야하는지에 대해서 다시 한 번 생각하면서 미국 사람들의 도서관 서비스 정신과 철학에 대해서 생각해 볼 수 있었다. 지금 필자가 서비스하는 이용자들은 내일의 지도자가 될 사람이며, 도서관은 자기를 발견하고, 타인으로부터 배우며, 기초적인 진리를 발견하는 곳이라는 문구를 통해 진한 감동을 받았다.

Tomorrow's leaders walk through the doors of your school library every day. You give them the tools for the journey.	내일의 지도자들이 여러분들이 일하고 있는 학교 도서관을 매일 지나간다. 여러분들은 그들이 여행하는데 필요한 도구를 제공하고 있다.
Your public library is the bedrock of your community. It's where discoveries happen, relationships grow, small businesses begin and kids of all ages inspire each other.	공공도서관은 당신이 살고 있는 지역사회의 기반이다. 이곳은 발견을 하고, 관계성이 깊어지며, 조그마한 사업이 시작되고 모든 아이들이 서로에게 영감을 불어 넣어 주는 곳이다.

Your academic library is where students go to find themselves, learn from others and uncover basic truths about the world. You help show them what's possible.	당신이 일하는 대학 도서관은 학생들이 자기 자신을 발견하고, 다른 사람들로부터 배우고, 세계에 대한 기초적인 진리를 발견하는 곳이다. 여러분들은 그들에게 모든 가능한 것들을 보여줄 수 있다.
Call it discovery, market research, knowledge management, data acquisition, fact-finding. Your special library delivers the value that makes your organization hum with energy.	자료를 발견하고, 지식을 관리하고, 데이터를 수집하고, 사실을 알아내게 하라. 당신이 근무하고 있는 전문 도서관은 도서관을 에너지로 넘쳐나게 하는 가치를 전달하는 곳이다.

■ 시카고 공공도서관 벽에서 만난 잠언

시카고 공공도서관은 1873년에 개관하여 여러 변천과정을 거쳐 1970년에 현재의 스테이트가에 새로 짓기 시작하여 1991년에 개관하였다고 한다. 시카고 공공도서관은 78개의 작은 분관도서관으로 구성되어 있는데 시카고에 있는 중앙도서관은 헤롤드워싱턴도서관(Harold Washington Library Center)이라고 부른다. 이 도서관은 에스컬레이터가 설치된 10층 건물이며, 전 세계 공공도서관 건물 중에서 가장 큰 곳으로 기네스북에 올라 있다고 한다. 장서는 약 900만권 정도라고 하니 규모가 어느 정도인지 짐작할 수 있을 것이다.

단행본, 연속간행물, 정부문서, 마이크로필름, 전문서적, 시각장애인을 위한 녹음테이프 등이 소장되어 있으며, 일반인을 위한 극장과 어린이 극장, 세미나실, 카페, 기념품가게, 헌 책방 등도 있다.

도서관에 들어가면 시카고공공도서관의 미션과 비전이 우리를 맞이한다. 그리고 "Read, Learn, Discover at Chicago Public Library"라는 무척 인상적이었다. 도서관이 디지털 자료를 제공하든, 아날로그 자료를 제공하든, 악기 연습실을 빌려주든, 연극을 공연하든, 결국 인간이 도서관에서 하는 일이란 읽고 배우면서, 새로운 지식을 발견하고, 자신을 성장시키는 것이 아닌가? 도서관을 설명하는데 이 이상의 말이 필요할까?

우리나라 대부분의 도서관 벽에는 안내판과 그림 이외에는 붙이지 않는 것 같은데 시카고 공공도서관에는 거의 빈 벽이 없을 정도로 인류의 위대한 인물들이 남긴 짧은 문장들이 곳곳에 붙어 있다. 10층까지 올라가면서 보니 거의 모든 층마다 벽에는 인류의 위대한 인물들이 남긴 명문이 붙어 있었다. 각 층마다 다양하게 만나는 주제와 다양한 자료, 각각의 주제 분야마다 배치된 사서, 벽에서 만나는 인류의 잠언, 도서관을 찾아 온 수많은 사람들을 보면서 도서관은 이용자에 대해서 어떤 곳이어야 하는지에 대해서 다시 한 번 생각하게 되었다.

Wisdom begins in wonder. - Socrates	지혜는 경이로움에서 시작한다.
The man who does not read good books has no advantage over the man who cannot read them. - Mark Twain	좋은 책을 읽지 않는 사람은 좋은 책을 읽을 수 없는 사람보다 나은 것이 없다.
Knowledge is of two kinds; we know a subject ourselves, or we know where we can find information upon it. - Samuel Johhson	지식은 두 종류이다; 지식 자체를 알거나 그 지식을 찾을 수 있는 정보를 아는 것이다. - 사무엘 존슨
An art book is an museum without walls. - Andre Marlaux	예술 책은 벽 없는 박물관이다. - 앙드레 말로
All that mankind has done, thought, gained or been: it is lying as in magic preservation in the pages of books. - Thomas Carlyle	인류가 이룩한 것, 사고한 것, 얻은 것들은 모두 책의 한 장 한 장에 마법처럼 보존되어있다. - 토마스 카알라일

Getting my library card was like citizenship; it was like American citizenship. - Oprah Winfrey	미국에서 도서관 카드를 얻는 것은 미국 시민권을 얻는 것과 같다. - 오프라 윈프리
What journeys of mind and spirit are there for the taking with a library card. - David McCullough	도서관 카드를 갖고 있는 곳이 마음과 영혼의 여행을 하는 곳이다. - 데이비드 맥컬러우
The very existence of libraries affords the best evidence that we may yet have hope for the future of man. - T.S. Eliot	도서관이 있다는 그 자체가 인류가 미래에 대한 희망을 가질 수 있다는 증거이다. - T.S. 엘리엇
Books are treasured wealth of the world and fit inheritance of generations and nations. - Henry David Thoreau	책은 여러 세대와 여러 국가에 상속할 수 있는 세상의 귀중한 유산이다. - 헨리 데이비드 소로
The peace of great books be of you, Stains of pressed clover leaves on pages, Bleach of the light of years held in leather. - Carl Sandburg	가죽 안에 몇 년 동안 빛으로 표백된 페이지 위에 눌려져 있는 얼룩진 클로버 잎이 들어 있는 위대한 책의 평화는 당신을 위해 존재한다. - 카알 샌드버그

마치며…

일리노이 주립대학교 학부도서관, OCLC, 시카고공공도서관의 벽에서 만난 인류의 위대한 위인들이 남긴 문장은 인류의 위대한 잠언이다. 도서관은 과연 무엇을 하는 곳인가? 도서관은 이용자에게 어떠한 서비스를 하는 곳인가? 도서관은 무엇 때문에 존재하는가? 이러한 물음에 대하여 다양한 답이 나올 수 있을 것이다. 그러나 아무리 다양한 답이 나온다 하더라도 우리는 도서관에 가서 읽고, 배우고, 새로운 지식을 발견하기 위해 가는 것이며, 도서관은 이용자에게 읽고, 배우고, 새로운 지식을 발견할 수 있게 하여, 사람의 내면을 성장시킬 수 있게 하는 곳이라는 것으로 요약할 수 있지 않을까?

미국의 도서관 벽에서 만난 인류의 잠언을 통해서 필자는 대학도서관 사서로서 미래의 우리나라의 지도가가 될 학생들을 위하여 무엇을 서비스하기 위해 노력해야 하는 가를 다시 한 번 생각해 보고, 도서관이 해야 할 사명에 대해서 다시 한 번 깨우치는 계기가 되었다. 내가 일하고 있는 대학민국 서울특별시 종로구 연건동 28번지 서울대학교치의학대학교 치의학도서관은 전 세계 도서관과 비교하면 하나의 작은 점에 불과하겠지만 우리는 도서관을 통해서 이러한 이상을 이용자에게 제공해 주는 전 세계의 도서관과 사서와 이상을 공유하면 서로 언제든지 연결될 수 있다는 확신도 갖게 되었다. 이 글을 읽는 동료 사서들도 도서관 벽에 걸린 인류의 잠언을 읽으면서 감흥을 느껴보기 바란다. 그리고 도서관 벽에서 만난 인류의 잠언이 잠시만의 감흥이 아니라 평생 사서직을 수행하는 동안 지속되는 여운과 사명이기를 바란다.

* 이 글은 도서관 문화(2011년 5월) 실렸던 내용을 수정한 것이다.

인간 전시장

송 하 균(시설관리국)

교정직으로 생활하다가 교정을 떠난 지 벌써 15년이 되었습니다. 힘들고 어려운 일도 많았지만 그 시절이 있었기에 제가 지금 자원봉사자로 활동하는데 많은 도움이 되었다고 생각합니다.

교도소에는 다양한 종류의 사람들이 모이는 곳입니다. 사회에서 생각하는 그 이상의 범죄를 저지른 사람부터 사소한 죄로 들어오는 사람들이 많이 있습니다. 그렇기 때문에 많은 일들이 벌어집니다. 그래도 이들은 형기가 다 되면 출소하지만 교도관은 징역살이 하는 것보다 더합니다. 퇴직하기 전까지는 교도소에서 생활하기 때문입니다.

제가 근무할 때는 난방시설이 변변치 않아 작은 연탄난로가 전부였습니다. 그래서 추운 겨울이면 연탄가스 냄새가 진동했습니다. 더욱이 제본 창고에서는 종이가 많아 화재가 난다는 이유로 난로를 설치하지 않았습니다. 그곳에서 일하는 재소자들은 따뜻한 물 한 통을 받아 몸을 녹일 수밖에 없었습니다. 교도관들도 예외는 아니었습니다.

더운 여름이면 천정에 매달린 선풍기에 의지해 지냈습니다. 지금같이 새로 증축한 교도소처럼 시설이 좋지 않았을 때라 견디기 힘들었습니다. 재소자들이 더위를 참지 못해 서로 싸우기도 합니다. 그러면 교도관들은 징벌도 주고 타이르기도 하지만 그 순간뿐입니다. 형벌을 받는 재소자들도 힘들어하지만 교도관들도 힘들기는 마찬가지입니다.

순한 재소자들도 있지만 나쁜 재소자들도 있어 교도관들을 괴롭히기도 합니다. 작은 일을 트집 잡아 교도관을 고발하기도 합니다. 그러면 밖으로 외출을 할 수 있다는 생각에 아마도 더 그러기도 한 것 같습니다. 하지만 당하는 입장에서는 징계를 받기 때문에 억울하기도 합니다. 힘없는 교도관이 선의의 피해를 보는 일이 생기기도 합니다.

한 번은 미화근무를 하고 있을 때 생긴 일입니다. 재소자들이 청소를 마치고 사동 뒤 운동장에서 족구를 하고 마무리를 했는데 재소자들끼리 싸움이 붙었습니다. 잠시 얘기를 하고 있기에 별 일 없이 마무리가 되는 줄 알았습니다. 그러나 서로 치고 받는 지경이 되어 싸움을 말리게 되었습니다. 이곳은 죄를 지고 들어온 교도소입니다. 재소자의 신분을 망각하고 마치 놀러온 것이라고 생각해서는 안 되는 곳입니다.

교도소에는 여러 종류의 사람들이 모이다 보니 꼭 전시장에 들어온 것처럼 다양한 사건들을 알게 됩니다. 사기로 들어온 40대 중반 재소자는 아내 몰래 다른 여자와 만나다가 그 여자에게 돈을 빌려주고 카드까지 빌려주었습니다. 여자가 돈을 갚지 않자 카드명의자인 본인이 사기죄로 들어오게 되었습니다. 그러면서도 반성하지 않고 그 여자를 동정했지만 자신과 같은 피해자가 속출한다는 이야기를 듣자 자신의 행동을 반성하기 시작했습니다.

또 다른 사기 전과로 들어온 재소자는 아는 사람을 통해 같은 학교를 다녔던 교도관을 찾아 선처를 부탁합니다. 그러면 교도관은 허용하는 범위 내에서 편의를 봐주기도 합니다. 그리고 출소한 재소자는 그 교도관을 찾아가 사기를 치려고 준비했지만 미수에 그치고 다시 수감자의 신세가 되었다고 합니다. 이런 저런 이야기를 들으면 모르는 사람보다 아는 사람이 더 무섭다는 말이 실감을 합니다.

사회에서 잘나가는 위치였다고 하는 재소자도 있습니다. 하지만 여기서는 모든 사람이 다 똑같습니다. 과거에 어떤 사람이었는지는 중요하지 않습니다. 그는 죄를 지었기 때문에 교도소에 들어왔기 때문에 형벌을 받는 것입니다. 교도소에 죄를 짓고 들어오면 조용히 반성하는 사람들만 있다고 생각하기 쉽습니다. 하지만 일반 사회처럼 사건 사고가 끊이지 않습니다. 자살도 예외가 아닙니다. 재소자끼리 싸우고 독방으로 간 재소자가 목숨을 끊는 일도 발생합니다. 분명히 멀쩡했던 재소자가 교도관의 교대 이후 죽은 채로 발견됩니다. 그래서 담당했던 교도관은 조사를 받고 징계를 받습니다.

교도관끼리는 운수직이라고 얘기도 합니다. 원칙적으로 근무를 했지만 사고가 터지면 비판을 받습니다. 근무라는 것은 오랜 연륜에 의해 감각적으로 체크되는 부분이 많습니다. 사고를 칠 재소자는 보면 알게 되는 경우가 생깁니다. 하지만 교도소 사고라는 것이 인력으로 막기 힘든 경우가 많습니다. 단지 사고 예방을 위해 부단히 노력할 뿐입니다.

교도관들이 많은 재소자의 얼굴을 다 기억하기란 힘든 일입니다. 그렇기 때문에 조심해야하는 일이 한 두 가지가 아닙니다. 그래서 항상 교도관들의 신경은 곤두서 있고 피곤하기 마련입니다.

이렇게 힘든 근무를 하는 교도관들의 사이는 별로 좋지 않았습니다. 점검을 빌미로 재소자가 보는 앞에서 상사가 교도관을 나무라는 일도 비일비재했습니다. 특히 가족 경조사로 인해 휴가를 신청할 때는 눈치를 봐야합니다. 한 사람이 빠지면 그 근무를 나머지 사람들이 대처하기 때문입니다. 하지만 간부들의 경우는 조금 틀립니다. 일선에서 근무하는 교도관들은 법적으로 정해진 휴가마저 쉽게 쓰기 힘든 상황입니다. 지금은 좀 나아졌는지도 모르겠습니다.

하지만 그 당시에는 공과 사를 구분하지 못하고 간부들이 교도관들에게 사적인 일을 시키는 일도 많았습니다. 말을 들어주지 않으면 힘든 곳으로만 근무를 시키기도 했습니다.

지금 보는 교도관들은 제가 있었을 때와 별로 달라진 모습이 보이지 않는 것 같습니다. 징역을 사는 재소자들처럼 교도관들도 그들을 닮아가는 모습이 보입니다. 사람이 생기가 사라지고 긍정보다는 부정을 먼저 생각하게 됩니다. 마치 살아있는 시체처럼 보일 때도 많았습니다.

그래서 그 스트레스를 경마나 도박으로 푸는 직원들도 있습니다.

교도관이라는 직업이 사회의 안녕을 위해 재소자를 교정교화시키는 일을 한다고 생각하지만 사람이 사람을 바뀌게 하는 것은 쉬운 일이 아닙니다. 이렇게 열악한 상황에서도 서로 돕는 교도관들도 있습니다.

비 오는 날 트럭과 승용차가 사고가 난 부부는 죽고 아이만 살아남은 일이 있었습니다. 너무 놀라고 안됐다는 생각에 교도관들은 월급에서 얼마의 돈을 떼어 기금을 마련하기로 하였습니다. 아이가 클 때까지 도와주기로 한 것입니다. 박봉에 힘든 것은 마찬가지였지만 더 힘들 가족을 위해 서로서로 힘을 보탰습니다. 이런 일들이 힘든 교도관 생활을 견디어 내는데 도움이 되었습니다.

많은 세월 근무하고 개인적인 일로 그만두었지만 그 시절이 무의미하다고 느낀 적은 없습니다. 어렵고 힘든 일이 생길 때 마다 돌이켜 생각하면 힘든 교도소 근무를 했기에 이겨낼 수 있었습니다. 죄를 짓고 교도소에 들어오기 전에 예방한다면 더 좋지 않을까 하는 마음에 서울 소년원에서 멘토 자원봉사를 하기로 했습니다.

자원봉사에 관한 내용을 인터넷에서 보고 처음에는 망설였습니다. 하지만 교도관으로 근무했던 경험이 도움이 될 거라는 생각에 신청하여 멘토 자원봉사교육을 받았습니다.

그리고 한 소년을 알게 되었습니다. 부모가 이혼하고 나서 중학교를 중퇴한 아이였습니다. 면회를 가서 저는 그 소년과 많은 이야기를 나누었습니다.

한 달에 한 번 꼴이었지만 삶의 연장자로서의 그의 말에 귀를 기울이는 것은 매우 중요한 것임을 알았습니다.

소년들의 범죄는 부모와 사회의 무책임한 행동에 보고 배운 결과일 뿐입니다. 그나마 가족이 면회를 오고 편지를 보낸 이 소년의 경우는 나은 편입니다. 이런 일들을 접할 때면 교도관으로 근무했을 때의 일들이 자주 생각납니다. 형편이 안 좋아 면회를 오지 않는 재소자의 경우에는 교도소 생활에 많은 어려움이 있습니다. 면회를 자주 오는 재소자는 정서적으로 안정되고 긍정적으로 생활해나가곤 합니다.

나의 작은 힘이나마 보탬이 될 수 있는 자원봉사를 찾아 할 수 있다는 것이 큰 즐거움이 되었습니다.

호스피스 자원봉사도 그 중 한 가지였습니다. 말기 암 환자은 하루하루 죽음을 향해 달려갑니다. 그들에게 인생을 잘 마무리 할 수 있도록 이야기친구도 해주고 목욕을 시켜주면 눈으로 고맙다는 표시를 합니다. 그럴 때면 인간의 삶이라는 것이 하루하루 열심히 살지 않으면 안 된다는 생각을 합니다.

죄를 짓고 교도소에 있는 사람들도 아마 말기 암 환자를 보면 마음이 달라질 것입니다. 그들의 시간이 말기암환자들에게는 아주 절실한 시간이기 때문입니다.

무한정일 것 같은 시간과 건강이지만 언젠가는 끝나기 마련입니다. 돈을 도둑맞으면 커다란 일이라고 생각하지만 생명과 같은 시간을 도둑맞는 것은 별일이 아니라고 생각합니다. 그래서 한순간의 실수로 교도소에 들어왔지만 가장 큰 형벌이 시간이 빼앗기는 것이라는 생각을 하지 않습니다. 하지만 남은 것은 후회뿐입니다.

재소자들도 자신들보다 더 힘든 상황에 처한 사람들이 있다는 사실을 인식하면 더 잘살아야겠다는 다짐을 할지도 모릅니다.

무료급식소에서 자원봉사할 때의 일입니다. 늙고 힘없는 노인들이 한 끼의 밥을 먹기 위해 길게 줄을 섭니다. 겨우 밥을 먹고 무료한 시간을 보내기 위해 옹기종기 모여 있습니다.

그런 모습을 보면 지금 이 순간을 열심히 살지 않으면 나도 저렇게 될 수도 있다는 생각이 듭니다. 그래서 더 자원봉사에 힘을 쓰는 것 같습니다. 힘든 순간이 영원히 지속되지는 않습니다. 노력하는 가운데 길이 보이기 마련입니다. 힘든 사람을 위해 노력하는 것은 교도관들도 마찬가지입니다. 재소자들 한 사람 한 사람이 사회에 나와서 좋은 영향을 미치도록 하는 것이 교도관들의 역할입니다.

교도관 생활을 그만 두었지만 그 시간에 익혔던 여러 가지 일들은 제게 많은 도움을 주었습니다. 자원봉사를 하면서 사회에서 나보다 더 힘든 사람들이 있다는 것을 알게 되었습니다.

그렇게 때문에 더욱 열심히 살아야 한다는 다짐을 하게 됩니다. 힘들다고 포기하는 것이 얼마나 어리석은 일인가를 알게 되는 것이 필요합니다.

어렵고 힘든 곳에서 일하는 분들이 있기에 우리사회가 더 살만한 곳이 되어가는 것 같습니다.

인문학(人文學)의 향기(香氣)를 따라서 외 2편

윤 양 섭(미술대학)

소매 끝 짧게 하고 월요일 저녁이면 紫霞골 瀑布水 실개천을 따라 人文學의 香氣를 쫓아 간 것이 엊그제 같은데, 벌써 周邊의 나무들은 最小限의 에너지로 越冬하려고 裸木으로 남아 있습니다.

그 사이 나는 무엇을 가슴에 담고 왔는가?

기껏 저녁이면 가서 김밥이나 縮내고 半寤半寐하지 않았는지 부끄럽습니다.

그러나 懸頭刺股라는 四字成語가 왜 존재하는지 알게 되었고 先賢들의 晝耕夜學의 苦를 이해하게 되었습니다.

사람의 心性과 肉體뿐 아니라 인간과의 관계에서 일어나는 모든 일들이 人文學이라는 사실을 새삼 느끼게 됩니다.

사람에게 있어 素養을 쌓아 智慧롭게 살고자 하는 것은 모든 사람들의 所望이지만, 그러한 素養이 짧은 시간에 이루어지리라고는 생각하지 않습니다.

水滴穿石처럼 오랜 시간을 두고 꾸준한 노력에 의하여 물이 솜에 젖어 들 듯이 온 몸에 푹 퍼져서 저절로 자연스럽게 겉으로 드러나는 것이 아닌가 하고 생각이 듭니다.

人文學이란 사람의 心性을 바르게 하여 本性으로 돌아가게 하고 義를 쫓아 남에게 德行을 베풀고, 또 생각의 邪惡함에서 벗어나 善心을 유지하며, 敎養을 習得하여 實踐하는 知性人을 養成하는 공부라고 勸하고 싶습니다.

그 동안 짧은 기간이지만 東西古今의 文學, 歷史, 哲學, 藝術 등 여러

분야에서 교수님들의 名 講義를 들으며 자신을 한번 돌아보게 되었고, 또 平生學習의 所重함을 일깨워 주셨습니다.

인문대 학장님을 비롯한 관계자 모든 분들에게 感謝를 드리고 人文學 講座의 無窮한 發展을 祈願드립니다.

– 2010. 12. 6. 人文學 講座 4期 受講生 尹亮燮

벽해(碧海)의 상명지통(喪明之痛)

昨日 日氣 順坦하여 집에서 머무르기에는 坐不安席이요. 生命의 빛깔에 誘惑되어 혼자서 배낭을 메고 山으로 向해 봅니다.

山은 항상 그 자리에서 품으로 안아주며 어서 오라고 맞아 주네요.

新綠의 싱그러움에 醉하고 나무 사이로 불어오는 바람에 절로 興이 나서 어렴풋이 기억나는 懶翁禪師의 詩를 吟詠하며 앞 사람을 따라갑니다.

青山은 나를 보고 말없이 살라하고
蒼空은 나를 잡고 티 없이 살라하네.
사랑도 벗어놓고 미움도 벗어놓고
물같이 바람같이 살다가 가라하네.
세월은 나를 보고 덧없다 하지 않고
宇宙는 나를 보고 곳 없다 하지 않네.
煩惱도 벗어놓고 慾心도 벗어놓고
江같이 구름같이 말없이 가라하네

青山과 蒼空은 푸른빛으로 人慾을 버리라고 하는데 物慾의 誘惑을 拔根하지 못한 小人의 살갗에 다가와 서서히 心胸을 검은색으로 물들이고 있네요.

于先 世越號의 慘狀으로 喪明之痛의 遺家族에게 삼가 弔慰를 表하며, 利己와 私慾이 亂舞하고 활개치는 世上에 旣成世代는 青少年들에게 師

表가 되었는가?

그리고 政府와 政治集團은 무엇을 監督하고 啓導하였는가?

各處各人이 義를 固守하고자 正路를 달려 왔는가? 아니면 利를 쫓아 諂諛之狀으로 無事安逸하지 않았는가?

어디 하나 멍들지 않은 곳이 없다.

5월의 新綠은 꽃 보다 진한데 팽목항의 碧海는 먹물로 가득하구나.

이제라도 부질없는 執着의 끈을 놓고 世上의 名譽와 權力에서 벗어나 淸風明月과 이웃하며 脫俗의 草原에서 뒹굴고 싶다.

오늘의 苦難과 逆境이 大韓民國을 再創造하는 契機가 되기를 바라며 自身이 살아 온 길을 다시 돌아본다.

– 2014. 5. 7.(월) 淸溪山 山行 所懷

문장대(文藏臺)의 춘심(春心)

如此한 事由로 핑계를 대다가 모처럼 3期 人生大學 봄나들이에 參加하게 되었습니다. 모두는 豫定된 時間보다 일찍 오셔서 서로 반기며 즐거워하더군요. 그러나 저에게 몇 사람은 面識이 있지만 대부분이 相面하여 對話를 가져본 적이 없는 學友님들이었습니다.

혼자서 車窓을 내다보며 瑞草에서 출발하여 報恩을 간다. 그러면 瑞草報恩이네. 그런데 뭔가 낯설고 親熟하지 않아 얼른 생각나는 것이 結草報恩이 떠오르더군요. 生前의 고마움을 죽어서 풀을 엮어 恩惠를 報答한 아름다운 故事가 있는가하면, 우리 周邊에서는 背恩忘德의 事件들이 미디어 媒體를 통하여 많이 報道 되고 있습니다.

人倫之道가 崩壞되는 안타까운 現實을 慨歎하면서...

俗離山도 食後景이네요.

점심을 먹고 山行팀을 따라 文藏臺의 春心을 맛보고자 一行과 함께 山行을 하는데 洗心亭 休憩所에

"道不遠人人遠道 山非離俗俗離山"(道는 사람을 멀리하지 않았는데 사람이 道를 멀리하고, 山은 世俗을 떠나지 않았는데 世俗의 사람들이 山을 떠나는 구나)이란 글귀가 있더군요. 이것이 俗離山의 由來인가 봅니다.

우리 모든 學友님들도 洗心亭까지는 오셨겠죠? 그러면 마음을 깨끗이 하였을 거예요. 조금만 더 올라와 文藏臺에서 左右山川을 眺望하면서 숨겨진 冊 한권이 어디에 있는지 思索하였다면 淨魂(혼을 맑게)도 하였

을 겁니다.

洗心淨魂 百世淸家하소서.(깨끗한 마음 맑은 精神으로 永遠토록 淸富의 家庭 이루소서)

이난희 會長님께서 準備한 山頂의 濁酒一杯는 山中의 珍味요, 下山하여 최병선 副會長님이 소개한 晩餐은 報恩골의 藥草香이 가득한 世俗의 一味였습니다.

다음날 방문한 寶城宣氏 宗家 古宅에는 爲善最樂(선을 행하는 것이 최고의 즐거움)이라는 懸板이 우리 傳統文化를 繼承하려고 勞力하시는 宗婦의 고단함을 代辯하는듯 하네요. 快晴한 靑南臺는 이른 봄이라 그런지 꽃보다 사람이 많고, 歷代 大統領들의 就跡과 大淸湖畔의 風光을 즐기기 위하여 人山人海였습니다. 문득 생각하건대 三星그룹의 創業者이신 湖巖 李秉喆先生은 "花香千里 人情萬里"(꽃 향기는 천리를 가지만 사람의 정은 만리를 간다)를 愛誦하며 사람 中心의 經營을 實踐하려고 애를 쓰셨답니다.

春風接人은 喜色滿面이요 和氣滿身이라고 하니 自然과 벗하면서 마루금을 縱走하여 보세요. 分明 숲은 우리 가슴속에 맺혔던 것은 풀어주고 막혔던 것은 뚫어 줄 것입니다.

醫學의 아버지 히포크라테스는 "사람이 고칠 수 없는 病은 自然에 맡겨라"했고, 許浚 先生 또한 "植物보다 더 나은 醫師는 없다. 藥草는 하늘이 준 最高의 醫師다"라고 했으며, 예로부터 "醫師가 하는 일중 折半은 숲에 맡긴다."라는 말이 傳해 내려오고 있습니다.

그러므로 숲은 하늘이 내린 醫師이며 副作用이 전혀 없는 東西古今의 萬病通治藥이라는 事實을 記憶하시고 實行하여 보세요.

오늘도 文藏臺는 春光春風에 洗髮潔身하고 樂山仁者를 기다리고 있으니 3期 人生大學 學友님들이여 躊躇하지 마시고 숲으로 가서 健康百歲의 餘生을 즐기시기 바랍니다.

끝으로 함께하신 한경혜 主任教授님 그리고 이난희 會長님을 비롯한 執行部 任員님들에게 拙文으로 感謝의 人事를 올립니다.

- 2013. 4. 13. ~ 14. 3期 人生大學 春季逍風 尹亮燮 上書

당신의 소울 푸드는 무엇입니까

임 화 양(사회과학대학)

영화 '카모메 식당'을 보면 식당주인인 주인공에게 묻는다. 왜 그 많은 음식 중에서 오니기리를 선택했느냐고. 주인공은 망설임 없이 답한다. 오니기리는 일본인의 소울 푸드라고. 꽤 인상적인 대사였다. 영화 장면장면 맛깔스럽게 소개되었던 많은 음식들 중에 단출한 속재료를 품은 흰밥을 김으로 감싼 이 음식의 무엇이 일본인의 마음을 어루만져주었는지 오래도록 궁금했다.

누구에게나 위로가 되는 음식이 있다. 음식을 먹는다는 건 단순히 허기를 달래고 몸을 움직이게 하는 연료 그 이상의 의미를 가지니까. 꼭 거창한 레시피나 화려한 재료들이 아니라도 소박하지만 늘 먹던 익숙함과 그때 그 순간의 추억만으로 누군가에게는 지친 하루를 도닥여주는 위로가 되고 누군가에게는 다시 하루를 시작할 수 있는 계기가 된다. 나에게 가래떡은 단순히 간식 그 이상의 음식이다.

어려서부터 길거리 분식이나 패스트푸드를 지양했던 집안 분위기 탓일까. 바삭한 튀김옷 입은 치킨버거 대신 쫄깃한 가래떡을, 과자나 아이스크림의 달콤함 대신 홍시나 조청의 달달함을 또래에 비해 조금 일찍부터 즐겼다. 추운 겨울날 꽁꽁 언 손을 비비며 집에 들어가면 엄마가 준비한 따뜻한 코코아 한 잔과 잘 구워진 가래떡이 우리 남매 추억의 간식이었다. 뜨끈한 가래떡을 달달한 조청에 듬뿍 찍어 크게 한입 베물면 목구멍 가득 퍼지는 그 달달한 순간들.

모든 게 낯설고 혼자서기가 외롭기만 했던 인도 유학시절. 풀풀 날아다닐 것 같은 깔깔한 인도 쌀과 향신료의 강한 맛에 지쳐 입맛을 잃었을 때, 더 정확히는 고향의 엄마 손맛이 그리울 때면 어김없이 냉동고 깊숙이 아껴둔 가래떡부터 찾았다.(인도로 출발하는 인편이 생기면 엄마는 타국에서 고생하는 딸을 위해 김치며 고추장이며 바리바리 싸들려 보낸 보따리 한 구석에 잘 말린 가래떡을 잊지 않았다.) 한국에서 공수한 가래떡을 팬 위에 살살 굴려 머리가 지끈거릴만큼 달달한 인도 꿀에 찍어먹는 그 맛이란. 외지에서의 외로움과 서러움을 토닥여주는 나만의 소울 푸드였다.

가래떡은 원래 '가래'라는 이름에서 비롯돼 두 가지 설로 전해오고 있다. 한 가지는 '가래'라는 단어에 '떡이나 엿 따위를 둥글고 길게 늘려 만든 토막'이란 뜻이 있는데 가래떡 모양이 이와 같아서 가래떡이라 한다는 설과 농기구 '가래'에서 유래했다는 것이다. 어떤 설이 맞는 시작이든 가늘고 길게 만든 가래떡으로 식구들의 무병장수와 한해의 풍요를 빌었다고 하니, 이에 담긴 뜻만큼은 참 예쁘고 따뜻한 음식이 아닐 수 없다.

바람이 차다. 그리운 것도 생각나는 것도 많아지는 길고긴 겨울밤. 오늘은 냉동실에 얼려있는 가래떡을 꺼내봐야겠다. 어린 시절 엄마 손맛 그대로, 뜨끈한 가래떡에 조청을 듬뿍 찍어 한 입 베물며 그때 그 시절을 추억해야겠다.

Chapter 5
여행기

이근용(글로벌사회공헌단) - 아프리카, 꿈을 꾸다
최종고(서울대학교 법과대학 명예교수) - 쓰고 그린 지중해 여행

아프리카, 꿈을 꾸다.

이 근 용(글로벌사회공헌단)

일탈행동을 하지 않던 전자공학을 공부한 4년차 평범한 직장인은 돌연 사직을 하고는 아프리카 남아프리카공화국으로 향했다. 비슷한 생각을 나누며 함께 사직한 직장동료와 함께 전 세계를 자전거로 여행하는 여행자를 세계적으로 치안이 위험하다는 요하네스버그에서 만났다. 꿈에 그리던 아프리카 종주가 시작되었다. 미지의 세계에 대한 동경이 있었고, 불공정한 세상의 아픔을 두 눈으로 직접 보고자 하는 마음으로 6개월 이상을 남몰래 준비하여 실행에 옮겼다. 그때가 아니면 할 수 없을 것만 같은 두근거림이 무모한 도전을 하게 만들었다. 2010년 3월부터 2011년 1월까지 약 1여 년간, 남아프리카공화국, 보츠와나, 짐바브웨, 잠비아, 말라위, 탄자니아, 우간다를 자전거와 대중교통을 이용해서 다녀온 꿈같았던 이야기를 풀어보려 한다.

• 남아프리카 공화국

2010년 3월 19일 오전 6시 50분. 눈뜨고도 코 베인다는 Johannesburg 공항에 예상보다 조금 이른 시간에 도착했다. [3]BM과 아프리카에 온 것을 실감하며 JS와 만났다. 감동, 감격, 환희, 흥분. 다음날 남아공 한인교회에서 주최하는 바자회에 참석하여 현지인들을 처음 만났다. 세계각

3) BM : 전 직장동료, JS : 6여 년간 자전거로 세계여행을 한 전문여행가, KY : 나(이근용)

지에서 기부로 들어온 의류를 아주 싸게 현지인들에게 팔고 그 수익금으로 다시 현지 학교를 지원하는 바자회였다. 며칠 후 아프리카에서 첫 라이딩. Woodbine에서 숙박을 하고자 하여 잠자리를 찾던 중 백인을 만나서 캠핑장이 있는지 물었는데 Farm이 있다고 하여 따라갔는데……, 거의 쓰러져가는 창고 같은 건물이 있고 그 옆 공터에서는 수십 명의 남자 흑인들이 모닥불을 피워놓고 담소를 나누고 있었다. 날은 거의 저물었고 우린 그 옆 공터에서 잘 수밖에 없는데 그 분위기에서 등골이 오싹해졌다. 흑인남성무리에 대한 선입견이 우리의 말초신경을 자극했고 텐트칠 엄두도 못 내며 불침번을 서면서 짐과 목숨을 사수하자는 비장한 각오로 뜬눈으로 하룻밤을 보냈다. 무사히 살아남았다. 그날 밤 엄청나게 쏟아지는 별로 수놓인 생애 최고의 밤하늘 풍경에 감격을 했다. 라이딩 첫날밤을 그렇게 보냈다. 이제부터 진짜 시작이다.

Woodbine, South Africa / 22 MAR 2010 <수십 명의 흑인이 숙식하는 Game farm 에서 무사히 하룻밤을 보낸 후 첫 라이딩 직전>

• 보츠와나

Border of Botswana, 24 MAR 2010

보츠와나 국경에 도착했다. 바다 외의 국경을 처음 본 나로서는 생소한 모습이었다. 50여 미터를 사이로 South Africa와 Botswana 이민국이 자리하고 있었고 '그냥' 도로였다. 하늘은 참 예뻤다. 맑았다. 서울의

Good Hopea / 31 MAR 2010 <Good hope의 Stump 학교의 진입로 공사 중인 KY, Johnson, BM>

우중충한 하늘을 보며 살다가 늘 쾌청하고 맑은 하늘을 보니 내 마음도 맑아지는 것 같았다. 공기도 참 좋다. 어느 사진작가는 보츠와나의 하늘만을 가지고 사진전을 했다고 한다. 아프리카에서는 아무렇게나 사진을 찍어도 그림이 된다는 말이 거짓말이 아닌 듯. Botswana에 온 날 Lobatse에서 Good hope로 왔다. 한국인이 세운 Stump라는 옛 기술학교에서 제초작업, 묘목심기, 진입로 평탄화 작업 등등……. 오랜만에 삽질하고 곡괭이 질 하니 손에 물집도 잡히고 근육도 불편해했지만 내가

살아 숨 쉬고 있음을 만끽했다. Chobe 강이 있는 Kasane로 3박4일 여행을 다녀오기로 했다. 아프리카에는 big5라 불리는 큰 동물이 있다. 코끼리, 하마, 코뿔소, 표범, 사자이다. 그 중에 코끼리, 하마를 봤다. 난 사실 safari에 대한 동경은 없었다. 그것보다 깨끗한 공기와 푸른 숲, 여러 나라를 가로지르는 강물이 더 싱그러웠다.

• 짐바브웨

Zimbabwe Harare to 10 Km / 28 APR 2010 <BM, Natheem, Moon, Imtiyaz, KY의 마지막 라이딩>

Muslim과의 만남. Natheem, Imtiyaz 를 Botswana Francis town에서 만나서 Zimbabwe Harare까지 같이 여행했다. 열흘 정도의 시간이었는데 색다른, 너무나도 흐뭇한 기억을 가지게 되었다. South Africa 출신의 두 Muslim. '하지'라는 이슬람의 종교기간에 사우디아라비아의 이슬람 성지인 메카를 가기 위해 남아공부터 사우디아라비아까지 자전거를 타고 가기로 한 굉장히 독실한 친구들이었다. 굉장히 따듯한 성품을 가졌으며 배려와 섬김이 참으로 대단했다. 보고 싶은 이들이다. 이들과 함께한 덕분에 Mosque에서 숙식을 해결했다. 짐바브웨는 세계 최악의 경제파탄나라 중 하나이다. 영국의 식민지였고, Robert Gabriel Mugabe가 대통령으로 있는 말 많은 나라이다. 불과 얼마 전만해도 100,000,000,000,000 이라는 숫자가 찍혀있는 지폐를 사용하여 콜라를 사먹었다. 2009년부터 USD를 사용하고는 경제상황이 조금씩 나아지고 있기는 하지만 여전히 서민들은 고통을 받고 있는 힘겨운 나라이다. Botswana를 지날 때 Zimbabwe대사관에서 메일을 통해 연락이 왔다. 밥 먹고 가라는 대사관님의 초대를 받은 우리는 근사한 식사를 한 끼 먹을 수 있었고 그곳에 계신 분들과 이야기를 나눌 수 있는 좋은 만남을 가졌다. 내가 한국대사관을 갈 줄이야……. 아프리카 최고의 환경조건임에도 최악의 경제상황 속에 있는 짐바브웨를 떠나 잠비아로 향했다.

• 잠비아

Zambia Lusaka, 6 MAY 2010

Zambia 수도 Lusaka의 서쪽외곽지역에 위치한 한국인이 세운 병원에서 한 달을 넘게 머물렀다. Chisomo 소아병원 개원을 준비 중이어서 일행들과 함께 즐겁게 일했다. 페인트칠하고 땅 파고 흙 나르고 잡초 뽑고 평탄화 작업하고 청소했다. 그리고 아프리카를 떠나기 전 계획한 중요한 프로젝트인 모기장후원활동을 위해 후원 받은 것으로 모기장을 구입했다. 4개의 마을에 우리일행이 직접 찾아가서 설치하고 전달하는 일을 했다. 특히 말라리아 예방을 위해 약품처리가 되어있어서 조심해야 했다. 아프리카의 많은 나라가 빈부격차가 심하다. Zambia의 수도 Lusaka의 중심에서 불과 몇 Km떨어진 곳에도 흙집에 맨 말로 다니는 사람이 수두룩하다. 시골마을을 찾아갔을 때 현지인들의 집을 보며 내가 참 많은 것을 가지

<완성된 모기장 - 말라리아모기 예방을 위한 약품처리가 된 모기장>

고 있구나 하는 것을 느꼈다. 우리 소식을 어떻게 알았는지 KBS 외주 방송국에서 연락이 와서 PD가 직접 와서 TV다큐멘터리를 찍었다. 방송의 힘이 대단한 것 같다. 방송이 나간 후 어떤 아주머니께서는 백만 원을 선뜻 후원하셨다. 아주 흥미로운 경험이었다. 덕분에 후원해준 분들께 공신력 있는 자료를 보여드릴 수 있어서 다행이기도 했다. Zambia에서의 행복했던 기억을 뒤로하고 Malawi로 향했다. 400여 Km를 달려야 하는 거리. 6월 7일에 Lusaka를 출발해서 6월 17일 Lilongwe에 도착했다. 열흘을 걸려 달려간 그 길은 솔직히 욕이 나온다. 언덕이 너무너무 많다. 물론 현지인의 집에 초대받아 nsima(하얀색 옥수수를 가루 내어 물을 넣어 끓인 잠비아, 말라위 사람들의 주식)를 맛보기도하고, 학교에서 자기도하고, 정말 멋진 풍경을 두 눈에 담을 수도 있었고, 집채만 한 바오밥 나무를 볼 수 있긴 했다. 하지만 진짜 힘들었다.

• 말라위

드디어 Malawi에 도착했다. 국경을 넘어서자 두 가지가 눈에 띄게 다가왔다. 아이들의 permanent hassling(lonely plant의 표현을 빌리자면)과 나무가 없는 민둥 초원. 아이들은 '아중구(외국인)'하면서 '김미머니, 김미머니'하면서 우리에게 소리를 지른다. 5,60년 전 대한민국도 그리 다르지 않았을 것 같다. 미군들을 향해 초콜릿을 달라고 했던 아이들의 모습이 이랬을까? 자꾸 미관을 찌푸린다. 같은 하늘 아래서 누군가는 온몸의 기름기를 빼기 위해 자해를 하고, 누군가는 기름기를 채우기 위해 구걸을 한다. 들판에 나무가 없는 이유는 베어다가 땔감으로 쓰기 때문이다. 전기가 안 들어오는 곳이 많기 때문에 나무를 이용한다. 그런데 잠비아랑 비교가 될 정도로 민둥민둥하다. 더 삶이 어렵다는 것이겠지. 그나저나 국경을 넘어 120km를 다시 달려서 Lilongwe시내를 가야 한다. Daeyang Luke hospital에 도착했다. 세 달을 머무르게 되었다. 그 사이 BM은 한국으로 가게 되었다. 이젠 일행들과 모두 헤어졌다. 혼자다. 자전거도 정리했다. 혼자 배낭 메고 다음나라를 가게 되었다.

아프리카인들은 거의 대부분! 퇴근시간과 점심시간, tea time을 철저하게 지킨다. 대단한 사람들. 우리 정서로는 잘 이해가 안가지만 시간이 되면 자기 보스한테 시간됐다고 가야된다고 당연히 이야기한다. 그리고 퇴근시간 후에 작업장에는 한국 사람들만 남는다. 대양병원에서 봉사자로 처음 스텝들 앞에서 소개받을 당시 난 IT specialist였다. 한 달, 두 달이 지날수록 IT specialist는 Carpenter로 변했다. 간호대학본관과 기숙사에 들어갈 가구들이 한국에서 날아와 있었다. 침대, 책상, 옷장, 서랍장, 테이블……. 많았다. 창문을 닦고 끼우던 일보다는 머리를 써가며 집중하며 조립하는 과정이 있기 때문에 신경이 많이 쓰였지만 훨씬 재미있었고 뿌듯했던 작업이었다. 사실 이런 작업을 현지 노동자들에게만 맡기면 참담할 정도로 대충한다. 주인의식, 정교함 등을 기대하기 어려

Malawi Lilongwe / 15 JUL 2010 <왼쪽부터 근용, 윌리암, 윌리암, 빙송, 조셉 - 잔머리 굴리더니 결국 다 잘렸다>

운 곳이다. 안타깝다. 짜증날 정도로 치열해진 경쟁사회의 한가운데 있었던 나로서 이들의 사고방식을 이해하기 어려운 것은 사실이다. 하지만 이해하고 품지 않으면 함께할 수가 없다. 감동을 줄 수가 없다. 말라위를 떠난다. 3개월간의 비자기간을 꽉 채우고 많은 불편함을 안고 다음 길을 간다. 과연 아프리카의 불편함은 어디서 연유한 것이며, 어떻게 해결할 수 있을 것이며, 그 과정에서 내가 어떤 일을 얼마나 할 수 있을지.

• Again 잠비아, 탄자니아

지난 6월 병원이 개원하기 전에 머물렀던 병원에 버스를 타고 9월에 다시 돌아와서 개원 후의 모습을 보았다. 한 달을 머물렀고 다시 탄자니아로 향했다. 47시간의 기차여행. 약 1500Km 를 달렸다. 1st, 2nd, supper seat, 3rd의 네 가지 종류의 등급으로 좌석이 분류가 되어있는데 표 파는 아줌마의 추천으로 1등석으로 과감하게 선택했다. Tazara train은 식민시대가 끝나고 난 후 중국에서 만들어준 Zambia, Kapiri Mposhi와 Tanzania, Dar es Salaam을 잇는 엄청나게 긴 여행을 하는 열차이다.

내가 지나온 아프리카의 대부분의 나라에 공통적인 음식이 있었다. 옥수수가루를 물을 넣고 끓여서 만든 백설기 비슷한 하얀색의 우갈리-탄자니아에서 우갈리라 불림. 우간다는 뽀쇼, 말라위와 잠비아에서는 시마, 짐바브웨에서는 사드자-와 삼각형의 튀김만두 같은 싸모사, 주먹보다 조금 막은 둥근 모양의 도넛 같은 부뜸부아, 이렇게 세 가지는 거

Tanzania Mbeya to Dar / 13 OCT 2010 <Tanzania Mbeya 근처 기차역 - 1등석에는 물건을 팔러 오지 않는다. 외국인들은 현지물건을 잘 사지 않기 때문이다>

의 대부분의 나라에서 보았다. 그 중 우갈리는 우리나라의 쌀밥처럼 주식으로 먹는 대표적인 현지음식이다.

탄자니아를 오기 전까지 현지 식당에서는 훅 불면 날아가는 쌀들이었는데 이곳에서는 한국 쌀 같은 찰기의 쌀을 맛볼 수 있었다. 이것이 북한사람들이 뿌려놓은 흔적이라고 한다. 탄자니아는 북한과 많은 친분을 유지했고 북한 공산당의 교육을 많이 받았다고 한다. 북한사람들이 많이 와서 농사를 지은 흔적이 이렇게 남아있는 것이라고 하니 남한사람으로서는 감사한 일이다. 현지 한인의 도움으로 모기장은 탄자니아에서 필요한 여러 곳으로 나누어졌다. 작은 나눔을 할 수 있게 되어서 감사하다.

• 우간다

Uganda Kampala, 29 OCT 2010

Uganda에 왔다. 1년 전 Reformed Theological College 학장님을 서울해서 뵙고, 이듬해 8월에 우간다에 자전거 타고 가겠다고 말씀드렸었다. 계획과 많이 달라지긴 했지만 10월에 육로로 혼자서 결국 오고야 말았다. 컴퓨터 관련 일을 도와드리려 하는데 꼭 필요한 일에 도움이 되었으면 하는 바람이 있었다.

탄자니아에 거친 버스여행을 통해 도착한 우간다에서 며칠은 푹 쉬었다. 장기여행은 템포조절이 필요하다. 다행히 아직까지 말라리아를 걸리지 않았지만 조심해야 한다. 일주일 동안 컴퓨터 A/S기사가 되어 학교 창고에 널 부러진 PC부품들을 확인하고 다시 조립하여 완제품으로 만드는 작업을 했다. 펜티엄 3, windows 98 이런 것들이 남아있었다. Kumi를 다녀왔다. 수도 Kampala로부터 북서쪽으로 310여km 떨어진 곳에 위치한 시골이다. 여기 십여 년 전에 기아대책이라는 NGO에서

주도하여 Kumi university를 세웠는데 아직까지도 학교를 정착하는데 도움의 손길이 많이 필요한 곳이다. 이곳을 방문하기 위해 부총장님과 기아대책봉사단원과 함께 떠났다. 차로 두 시간 정도 달리자 Jinja라는 도시가 나왔는데 세계에서 가장 길다는 나일 강의 발원지가 거기 있었다. 나일 강은 우간다의 백나일, 에티오피아의 청나일로 불리는 두 물줄기가 합쳐진 것으로서 두 발원지에서 Sudan으로 흘러 Khartourm에서 만나 이집트를 지나 지중해로 간다.

Uganda Soroti / 7 DEC 2010 <Mosquito net Receipt - $300 모기장을 구입하여 Amuria 지역에 전달하였다>

아프리카여행의 모기장프로젝트의 마지막 수행 날. $300치의 모기장을 Soroti에서 105개 구입하여 난민캠프가 있는 Amuria지역 분들께 전달했다. 한국의 감기같이 아프리카에서 말라리아는 사실 그렇게 두려운 병은 아니다. 말라리아는 약을 먹으면 낫는다. 한국에서 아프리카를 방문했던 사람들이 돌아가서 말라리아가 발병하여 죽은 사례들이 있었는데 빨리 약을 먹지 않아서 그랬던 것이다. 약 먹을 시기를 놓친 것이다. 아프리카에서 그 흔한 말라리아에 대해, 모기장이 없어서 말라리아모기에게 물릴 확률이 큰, 그리고 돈이 없어서 걸리면 속수무책인 사람들이 생각보다 너무너무 많다. 정말 많다. 12월 25일 크리스마스. 햇빛 쨍쨍한 오후와 반팔과 반바지의 크리스마스. 영 익숙지 않다. 으레 크리스마스가 되면 눈이 오길 기대하고 두툼한 외투에 장갑에 모자 쓴 모습을 떠올리지만 그렇지 않은 곳이 세상의 절반이라는 사실을 깨달았다.

Kumi university와 Reformed Theological College 를 왔다 갔다 하면서 컴퓨터 서버 및 네트워크 작업을 했다. 파일서버를 구축하고 추후에 DB작업을 하기 위한 infra를 만드는 것이었는데 제한적인 인터넷과 불안정한 전기로 어려움이 좀 있었다. 최소한의 네트워크 장비로 PC들을 연결해서 데이터 공유를 할 수 있도록 작은 인트라넷을 구축했다. 2010년이 끝나갈 즈음해서 컴퓨터 관련 일들이 다 마무리를 했고, 매뉴얼을 만들어서 관련 분들께 전파교육도 했다. 내가 없더라도 아무 문제없이 오랫동안 잘 동작하면 좋겠다.

우간다를 비롯한 주변 아프리카 나라들은 12,1월이 망고시즌이고 그 전에는 파파야시즌이다. 맛있는 열대과일을 정말 싼값에 먹을 수 있다. 망고나 파파야는 한국에서 수입해서 먹을 수 있는 것들이지만 passion, jack fruit는 여기서 처음 보았다. 한국에서 먹어본 어떤 과일로 비하기 힘들 정도로 매력적인 열대과일이다. Jack fruit은 약간 구린내가 나지만 쫀득한 황도 같은 과일이고, passion fruit는 신맛이 일품인 정열적인

<왼쪽 위부터 시계방향으로 카사바, 싸모사, 패션플루트(passion fruit), 잭프루트(jack fruit)>

과일이다. 카사바는 고구마와 감자의 중간 정도 되는 것 같고 싸모사는 우리나라 튀김만두 같은 음식이다. 간식으로 먹기는 좋다.

Kampala에는 두 개의 큰 버스 정류장이 있다. Old Park, New Park. 거의 지옥 같다. 가봐야 안다. 가보지 않고서는 알 수가 없다. 엄청나게 많은 마타투 행렬과 boda boda(우리나라에서의 오토바이를 가지고 택시처럼 운행한다) 그 사이로 지나가는 많은 사람들이 섞여있는 모습은 과히 끔찍하다. 거기에다가 지독한 매연은 숨쉬기 힘들게 만든다. 하지만 그곳에 사람이 산다. 그런 복잡함 속에서도 질서가 있고 발전이 있다. 좀 더 기대를 해본다. 혼돈 속에서 분명 미래가 있을 것이란 생각에 2010년의 마지막 날은 흘러간다. 그리고 새해를 맞이했다.

2011년 2월, 우간다를 마지막으로 아프리카를 떠나 유럽으로 향했다. 1달간의 유럽배낭여행을 하고 한국으로 돌아온 날부터 며칠을 앓아누웠다. 지난 1년의 아쉬움을 그렇게 내 몸이 반응을 했나보다. 수개월 뒤부터 서울대학교에서 일을 하게 되었고, 그로부터 3년이 흘러 그 때를 다시 추억해 본다. 그 맑은 하늘과 아이들의 눈망울에 비쳐진 나의 부족함과 불편함은 언젠가 다시 내가 가진 것을 조금이나 나눌 수 있는 때를 기다리게 만든다.

쓰고 그린 지중해 여행

최 종 고(서울대학교 법과대학 명예교수, 한국인물전기학회장)

1. 출발하며

벌써 지난해가 된 2013년 말 12월 26일 출발하여 새해 1월 9일까지 보름동안 지중해연안 5개국을 여행하는 크루즈여행을 다녀왔다. 연말연시의 시간을 활용한다고 때를 잡았더니 두해나 걸린 여행이라고 웃었다. 실은 32년간의 교수직을 정년퇴임한 기념으로 부부동반의 노스탈직 여행 다소 '센티멘탈 저니'라는 뜻을 담았는데, 평생에 처음 해본 것이라 여러 가지로 색다른 감이 있었다. 나의 여행습관으로 이번에도 일기, 시, 그림을 함께 적는 Nothingbook을 소지하여 보고 느끼는 대로 쓰고 그렸다. 40편의 시와 30개의 그림을 생산하였다.

인천에서 두바이공항을 거쳐 로마공항까지 가서 티볼리에서 하룻밤 자고 로마 앞바다 키비타베키오(Civitavecchio) 항에서 Norwegian Jade란 유람선을 타고 지중해 연안 도시들을 관광하였다. 제1일은 로마공항 도착후 콜로세움 등 관광, 제2일은 바티칸 관광, 제3일은 리보르노 입항 피사, 피렌체 관광, 제4일은 몬테칼로 입항 모나코, 니스, 깐느 관광, 제5일은 툴롱항 입항 아비뇽 관광, 제7일은 바르셀로나 입항 바르셀로나 관광, 제7일은 발렌시아 입항 발렌시아 관광, 제8일은 종일 선상에서 휴식, 제9일은 칼리아리 입항 사르디니아 관광, 제10일은 가굴레뜨 입항 튀니지아 관광, 제11일은 빨레르모 입항 시칠리 관광, 제12일은 나폴리 입항 나폴리, 쏘렌토, 폼페이 관광, 제13일은 로마 입항 및 하

선하여 두 주간의 여행을 마치고 로마공항에서 돌아왔다.

여행시란 절반은 본 것을 기록하고 절반은 느낌을 적는 것이기에 그 조화를 어떻게 하는가가 늘 문제이다. 주마간산으로 바삐 보는 여행의 관찰은 부정확할 수도 있고, 여행가이드의 설명에 의존하는 경우가 많다. 그마저 다 쓸 수도 없고 결국 나 자신이 포착하고 느끼는 것만 적는 것이다. 현장에서 메모한 것을 배에 들어와 시로 적는 것이 많았다. 그림도 마찬가지로 대충 스케치하여 후에 채색하는 것이 많고, 몇 개는 현장에서 색칠까지 해본 것들도 있다. 아무튼 시로 쓰랴 그림으로 그리랴 무척 바쁘다. 한 겨울인데도 날씨가 영상 10도 전후로 쾌적하여 '작업'하기가 좋았다. 크루즈여행에서 딴전을 피운 것이 아닌가 싶기도 하지만 이것이 즐거웠다.

2. 로마에서

유럽여행은 로마를 맨 나중에 하라는 말이 있지만, 이번에는 로마에서 출발하였다. 이태리에 오면 무엇보다 소나무가 한국소나무와 달라 인상적이다. 그래서 제일 먼저 쓴 시와 그림이 소나무이다. 콜로세움 앞에 서서 첫 소나무 그림을 그렸다.

우산 소나무

소나무야, 소나무야, 로마 소나무
초등학교 여자동무 단발머리 소나무야

우산같이 생겼다고 우산소나무(Pine-parasol)
소나무만 보아도 로마의 영욕이 느껴진다.

Quo Vadis Domine?
(주여, 어디로 가시나이까?)
어디선가 베드로의 목소리가 들려온다.

영원히 촌스럽고
영원히 단장한 로마 소나무.

한국의 어느 소나무화가처럼
로마 소나무만 그려볼까?

- 2013. 12. 17.

로마의 건국이 이루어진 포로 로마노 광장을 보며 잠시나마 역사의 회환을 느낀다. 실은 나는 로마에 여러 번 왔는데, 그 중요한 목적의 하나가 괴테의 발자취를 찾아서였다. 괴테의 <이탈리아여행기>는 정말 배

우는 바가 많은 책이다. 괴테가 화가들과 2년간 살던 집은 지금 괴테박물관(Casa di Goethe)로 관람되고 있다. 나는 이번에도 이런 시를 썼다.

로마와 괴테와 나

1786년 괴테는 로마에서 뭘 배웠나?
2013년 나는 로마에서 뭘 배우나?

그는 2년간 화가들과 어울려 살면서
카톨리시즘과 헬레니즘을 배웠지.

나는 로마에서 이런 괴테를 배우고
한국에 괴테학을 심으려 했지.

그동안 나름대로 열심히 족적 찾아다니며
같은 장소에서 그림도 그리고 시도 썼더니

오늘 또 이곳에 와 생각는다.
로마와 괴테와 나는 무슨 삼각관계?

– 2013. 12. 27.

괴테는 <이탈리아 기행기>에 티볼리 얘기를 많이 쓰고 그림도 그렸다. 나는 뜻밖에 티볼리의 호텔에서 첫날밤을 자고 다음날 이른 아침 풍경을 보며 이렇게 적었다.

티볼리(Tivoli) 아침

티볼리, 티볼리,
괴테 때문에 그렇게 한번 와보고 싶던 너.

지난번엔 오던 도중 로마해변
삼천포로 빠졌더니만

크루즈여행이 뜻밖에 티볼리
옛 목욕터 테르메 호텔 빅토리아에서 하룻밤.

아침 일어나 햇살과 함께
빛나는 티볼리 풍광.

우산 소나무 너머 저건 올리브 농원인가?
그리고 가끔씩 유칼립투스 고목들…

바티칸 관광 가는 길
먼 구름 아래 언덕인지 바다인지
까치 같이 배가 흰 바다 갈매기의 고공무(高空舞).

시온의 영광이 빛나는 아침
예루살렘의 감람산에 다시 왔구나.

– 2013. 12. 28.

그길로 바로 바티칸으로 가서 미술관과 교황청을 관광했다. 내부의 소나무정원에서 여유 있게 시도 쓰고 그림도 그렸다.

솔방울 하나

–교황청 솔방울 광장에서

우산 소나무가 많아서인가?
왜 교황청 상징이 솔방울인가?

성베드루성당 바티칸 미술관
구내 정원이 솔방울광장인줄이야.

그러고 보니 진짜 소나무도 몇 그루 섰고
큼직한 솔방울 조각도 훤출 서있구나.

솔방울은 순결의 상징이라고
그래 아무 장식 없는 생김 그대로.

그래 순수 순결은 최상의 미덕
문득 無爲自然을 생각는다.

그래 교황청은 멀리 있지 않다.
동서양을 넘어선 순수 속에 있다.

– 2013. 12. 28.

3. 이태리에서

크루즈항해는 맨 먼저 이태리의 리보르노(Livorno)항에 닿아 모두 내려서 관광비스를 다고 피사와 피렌체를 관람하였다.

피사(Pisa)에서

아직도 넘어지지 않았다.
사탑은 처음부터 넘어지고 있었다.
자료를 발견하고, 지식을 관리하고,
데이터를 수집하고, 사실을 알아내게 하라.
당신이 근무하고 있는 전문 도서관은
도서관을 에너지로 넘쳐나게 하는 가치를 전달하는 곳이다.
일부러 똑바로 서보는 사람들
아직 인생은 남았다.
아슬아슬하지만.

– 2013. 12. 29.

피렌체로 가는 토스카나 지방을 달리며 이곳을 한없이 사랑하다 먼저 간 친구생각이 나서 더욱 열심히 관찰하였다.

토스카나(Tuscana)를 달리며

-친구 이재규 교수 회상

피사에서 피렌체로 가는
토스카나 평원을 달리며
생각나는 친구 자네.

98권의 책을 쓰고
80%의 유고로 남긴 마지막 책
부인이 끝낸 토스카나사랑 책.

한국의 피터 드러커(Peter Drucker)로
음악을 유난히 좋아한 자네
이태리 음악이 그리도 매혹했던가?

나는 귀의 인간이기보다는 눈의 인간
눈앞에 보이는 저 풍경을 보며

어찌하면 잘 담아가나
소나무, 사이프러스, 올리버
그리고 붉은 색깔 지붕의 집들

그런데 우리가 왜 이렇게 매료되어야할까?

괜한 짝사랑 아닌가?

그래 이유 있는 사랑은 사랑 아니지.
그저 좋으니 사랑이지.

자네는 그토록 집중적으로 사랑하다 먼저 갔고
나는 좀 느긋이 따라가고 있구나.

― 2013. 12. 29.

드디어 또 피렌체에 왔다. 헤아릴 수 없이 여러 번 왔지만 이번에도 마음이 설렌다.

피렌체(Firenze)에서

르네상스의 수도 피렌체는
인간이 지구에 사는 한 북적일 것이다.

베키오궁전 광장 쟝 볼료냐의
<사비나의 강간>처럼.

거기서 슬슬 걸어 아르노강으로
뽄떼 베키오(Ponte Vecchio)까지

다시 단테의 생가나

미켈란젤로 언덕까지

이제는 낯익은 이 도시
또 한 번 지나간다.

– 2013. 12. 29.

내가 몇 번 투숙했던 아르노강변 베키오다리 옆의 룬가르노호텔로 달려갔다. 시간이 없어 사진만 하나 찍고 돌아섰다. 미켈란젤로 언덕에 올라가 시내를 내려다보며 한 장 그렸다.

미켈란젤로 언덕에서

이태리 오면 으레 피렌체
피렌체 오면 으레 미켈란젤로 언덕.

그래야 피렌체를 통째로 호흡하지
그래야 르네상스의 공기 한껏 마시지.

내 여기를 여러 차례 올라
쓰고, 그리고, 생각하고

이렇게 사는 것이 내 인생의 활력
르네상스 맨 되는 비결 아닌가?

그래, 마음 끌리는 대로 살자.
누가 뭐란 대도 내 멋대로 살자.

미켈란젤로 언덕에 서서
아르노강 건너 피렌체 시내를 내려다보듯

그렇게 조감하며 살자
내 인생은 내가 주인!

– 2013. 12. 29.

4. 프랑스에서

유람선은 이제 프랑스로 들어간다. 니스항에서 내려 깐느, 니스, 모나코를 관광하였다.

깐느(Canne) 가는 길

몬테칼로에서 관광버스 타고
눈덮힌 알프스를 저 멀리 바라보며
빛나는 아침도로를 신나게 달린다.

알프스눈이 녹아 눈물로 흐르는
뿌연 강물 얼마나 시릴까?

그것을 모두 받아들인 지중해
니스, 깐느 세계적 휴양지가 될만하구나.

나도 노후에 이곳에 와 살까?
노후란 언제부터 노후인가?

지금 이렇게 보고 느끼는 것
이것이 노후인생 자체 아닌가?

그레이스 켈리가 교통사고로 죽은 길
마침 이곳을 지나며 별별 생각.

아무튼 나는 깐느로 가고 있다.

한국배우 전도연이 국위를 떨쳤다는 곳으로.

- 2013. 12. 30.

니스는 여러번 다녀갔지만 항상 기차로 왔는데 이번에 버스로 해안을 달리는 풍치가 또 다르다.

다시 니스해변에서

재작년 여름에 왔던 니스해변
겨울에도 햇빛은 여전하구나.

산업화의 매연으로 걸린 결핵을 고치려

영국인들이 붙인 <영국인의 산책로>.

그래, 일에 병든 자를 맞아주는 니스
코르시카로 가는 항구
도피와 탈출의 입구이기도 한가.

괴테가 로마로 가지 않고
니스로 왔었다면?

니스는 언제나 나이스(nice)
나는 몇 번 더 니스에 올까?
가끔은 기차를 잘못타 끝까지 왔듯이.

– 2013. 12. 30.

프랑스 안에 있으면서 이름만 다른 국가 모나코, 아는 것이란 그레이스 켈리의 신화뿐이었는데 이번에 실제로 왕궁이랑 무덤이랑 돌아본다.

모나코(Monaco)에서

깐느에서 니스 거처
다시 돌아온 모나코 몬테칼로.

엘레베이터 타고 오르고 오르니

모나코궁 빨레(궁전)마당.

국토 60만평에 인구 3만 7천명
그래도 양원제 국회와 대법원도 있구나.
(초중고교는 있지만 대학은 없고
프랑스에 유학 간다고들).

1956년에 헐리우드 스타 그레이스 켈리
우아의 극치로 혼례 올린 성당.

지금은 두 사람 모두 무덤에 묻혀
지난 영화 못 잊는 꽃다발 선물들만…

아, 모나코, 초원의 빛이여
꽃의 영광, 한 편의 영화처럼

역사의 한 장면으로 장식되고
지금도 미묘한 왕족사로 계속된다고.

멀리 앞바다 푸른 물에 뜬
타고 온 크루즈 배로 돌아갈 시간.

– 2013. 12. 30.

5. 크루즈 선상에서

하루는 선상에서 쉬는 날도 있다. 도서실(Library)에 가서보니 주로 여행 중에 읽을 소설류와 참고서류들이 영, 불, 독어책들이 서가에 차있다. 한 서가에 중국어책이 두 권, 일본어책이 두 권, 한국 책은 한 권도 없다. 나는 마침 들고 온 이광수의 <유정>(푸른사상사, 2013)을 한 권 기증했다. 춘원의 책이 지중해선상에 영원히(?) 떠다니며 한국유람객들의 눈에 띄어 잠시라도 읽힐 것을 생각하니 마음이 흐뭇해진다.

<유정>의 크루즈

한국의 문호 춘원 이광수 <유정> 쓰지 80년 후
그 무대 바이칼호에 문학기념비를 추진중

뜻밖에 지중해 크루즈선 도서실에
내 편집으로 낸 <유정> 한 권 기증한다.

앞으로 얼마나 많은 한국인들 크루즈 즐기며
이 도서실에서 <유정>을 읽으리.

한국, 일본, 만주, 몽골, 러시아를 연결해
1930년대에 이미 세계문학을 이룬 춘원

점점 세계화하는 한국인의 저력
지중해 크루즈에도 한 표석을 심는다.

비록 한반도에 갇혀 남북으로 분단되었지만
경제도 문화도 세계적 랭킹
이제 인류를 향해 한국정신을 펼 때다.

인습과 편견을 넘어 사랑과 자비의 정신으로
인생과 죽음을 태클하며 용감히 살 때다.

계사년을 보내고 갑오년을 맞는 날
지중해 선상의 한국인은 새삼 가슴 벅차다.

아, 금년 한 해
<유정>의 꿈으로 살아보리.

– 2014. 1. 1.

아비뇽에도 들렀다. 한 때 교황청이 옮겨와 있던 곳이기도 하지만 론강에 끊어진 베네제다리가 인상적인 곳이다.

아비뇽(Avignon)에서

부르자, 노래 부르자
아비뇽다리에서 무슨 노래든

론강을 가로지른 유일한 다리
십자군, 아랍군 전장에 휘몰려
중간에 끊어진 채 수백년

한 때는 교황청까지 이곳에 오고
아홉 분의 교황님이 걸었던 다리

한번 끊어진 역사는 잇기 어려워
차라리 끊어진 채 보는 것이 참 역사.

베네제성인의 이름을 붙인 아비뇽다리
겨울철인데도 어딘선가 매미소리 들리는 듯.

– 2014. 1. 1.

마르세이에도 들렀다. 새해 첫날 이곳에 오리라고는 상상도 못했다.

마르세이유(Marseille)에서

마르세이(Marseille)를 충청도 사람이 번역해서
마르세이유.

"마르세이유가 어디유?"
"몰라유"
한국인 가이드의 익살을 들으며
이름난 港都를 버스로 돈다.

한국인 유학생도 예전엔 배를 타고
한달 걸려 이곳으로 유럽을 들어왔지
이미륵, 최두선, 안호상...

왠지 그때가 그립다.
그래서 항구가 유심히 보인다.

몽테크리스토퍼 백작의 유배섬은 어디?
19세기의 전성기를 지나
지중해에서 대서양문명으로 바뀌며
사양을 피해 탈바꿈하는 도시

이렇게 주마간산으로나마
새해 첫날 마르세이유에 와봤이유.

– 2014. 1. 1.

프랑스 남부, 남불(南佛)이라면 역시 엑상 프로방스이다. 나는 이곳에서 그림을 그리려 재작년 여름에 빠리에서 내려왔다가 지나쳐 니스까지 직행한 일이 있다. 그래서 이번에 더욱 유심히 관찰하였다.

엑상 프로방스에서

엑상 프로방스, 아를러
이름만 들어도 畵光이 비치는 듯해

재작년 여름 이곳에서 그림이나 그린다고
빠리에서 TGB 타고 내려오다
결국 니스까지 직행해야했지.

오늘은 관광버스 타고 유유히 달리며
차창으로 보는 풍경 유심히 담는다.

고흐, 세잔느, 피카소의 그림
도데, 빠뇰의 소설,
비제의 <아를러의 여인> 음악
예술의 냄새가 물씬 풍긴다.

뤼베롱산, 알피산 바윗병풍들
어딘지 낯익은 풍경들 담고 싶지만
또 아쉬운 마음으로 지나간다.

– 2014 .1. 1.

6. 스페인에서

배는 하룻밤 새 스페인의 발렌시아항에 도착했다. 버스로 바르셀로나부터 가서 가우디(Gaudi)의 건축세계를 관광하였다.

바르셀로나(Barcelona)에서

카탈로니아지방의 바르셀로나는
역시 가우디로 시작하는군요.

구엘공원(Parc Guell)부터 들려
세계에서 가장 긴 의자 작품도 보고

성가족성당(Shagrada Familia)에서
4가지 건축비법도 견학하며

가우디는 피카소와도 달리
오로지 건축미술을 위한 성자였군요.

그리고는 몬주익 올림픽 경기장에 올라가
황영조 기념비도 보고 기분이 좋아
"헬리사뇨"(Happy New Year!)
서투른 스페인어 인사도 해보았죠.

– 2014. 1 .1.

발렌시아는 처음 와보지만 대성당이 화려하다. 내 베레모, 여기서는 '보이나' 라고 부르는 스페인제 모자를 하나 샀다. 유일한 구매품이다. 앞으로 애용하며 시를 쓰고 그림을 그릴 반려자다.

발렌시아(Valencia)에서

발렌시아, 그건 산티아고 가는 야곱 순례길도 아니고
지중해변에 붙어있는 외딴 도시라 했더니

툴리아강변 평야에 쌀농사도 짓고
오렌지와 아몬드가 맛있다는데

놀래키는 것은 역시 대성당
최후의 만찬의 聖杯가 이곳에 와있다!

예수의 죽음 후 이 잔이 어디서 어디로 돌며
얼마나 많은 수난을 받았겠는가?
없어진 잔이 이 대성당에 모셔져있으니
천주교인들의 순례지가 안될 수 있으리.

로마교황청에서도 못본 이 성배를
이곳에서 볼 줄은 상상도 못했서니
잠시나마 엄숙히 기도하고 나오니
메마른 툴리아강변도 풍성하게 보인다.
2014.1.2.

배는 다시 기선을 돌려 지중해를 가로질러 이탈리아 쪽으로 내려간다. 코르시카섬과 나란히 있는 사르디니아섬의 깔리아리항에 정박한다. 눈부신 아침햇살을 쪼이며 이국적인 섬풍경을 구경한다.

깔리아리(Cagliari) 풍광

카글리아리인지 깔리아리인지
이름을 발음하기도 어려워 깔깔대며
한 발작씩 돌아보는 사르디니아섬의 수도.

시청에 들어가 역사를 한 눈에 보고
대성당에도 들어가 성호도 긋고

언덕에 올라 바다를 보며
우리가 타고온 유람선을 보며 좋아하고

점심에는 '뇨게티(귀)' 파스타
차라리 뻰데기 파스타라고 불렀다.

백퍼센트 이국적인 지역
나는 그런 곳에도 가보았어.

그것이 좋다.

– 2014. 1. 4.

7. 북아프리카에서

내 평생 처음 아프리카땅을 밟는다. 아프리카를 유럽의 일부로 지중해크루즈로 볼 수 있다는 것이 재미있다.

굿모닝 아프리카!

"스파할히르"(Good Morning), 아프리카!
내 나이 70을 바라보며 처음 밟는 아프리카 땅.

흙이 검지도 않고
사자나 표범의 정글은 어디 있나?

모스코 사원들이 듬듬 서있고
아랍식 성냥갑집들만 보이누나.

인구 1천만의 튀니지아
실업률 15%의 거리에는 골목마다
난전에 남자들만 바글바글
우리 60년대 시골장날이다.

수도 메디나로 직행하여
국회도 보고 사원도 보고
꼬불꼬불 골목길 시장도 보고

그래, 아프라카식인지 아랍식인지
헷갈리며 살더라도 평화만 있어라!

– 2014 .1. 5.

역사책에서 배운 한니발장군의 카르타고대전의 현지를 왔다. 폐허만 남아있다. 묘하게 장대비가 내리더니 이내 무지개가 떴다.

카르타고(Cartago)의 무지개

한니발장군의 카르타고
어디로 갔나?

로마에 도전하다 사라진 세력
역사의 허무.

벽돌 위의 벽돌 다 무너지고
외딴 기둥만 홀홀 서있구나.

갑자기 내리는 소낙비
차라리 아프리카 원시비로 맞고싶은데

폐허 위에 둥그렇게 무지개 뜬다.
하와이 무지개와는 다르게.

700km 남행하면
사하라사막이 나온단다.

– 2014. 1. 5.

크루즈 열흘째 되는 날 배는 하룻밤새 시실리의 빨레르모항에 도착했다. 괴테의 흔적을 찾아 몇 년전에 이곳에 와서 그림도 그렸던 곳이다. 다시 온 기쁨으로 배 위에서 이런 시를 썼다.

8. 시칠리에서

괴테는 시칠리 없는 이태리는 이태리가 아니라고 하였다. 그래서 이곳에 와서 그림도 그리며 여러 날 지냈다. 나도 수년전 그 흉내를 내본 일이 있다. 이번에 다시 시칠리에 오니 여러 가지가 회상된다.

시칠리 앞바다

–다시 괴테 회상

로마에선지 나폴리에선지
두주일 배멀미 하며 온 선생.

저도 수년전 나폴리에서 밤배 타고
한 밤 자며 건너와 선생의 발자취 따라
산천을 그리며 흥분했댔지요.

선생이 찾던 원초식물을 저도 찾겠다고
나름대로 혈안이 되기도 했지요.

그곳을 뜻밖에 크루즈여행으로
아내와 함께 유유히 놀러왔군요.

그래도 선생이 겪었던 배멀미는 못되지만
간밤에 유람선도 꽤 흔들리더군요.

이른 새벽 빨레르모 앞바다
전기불만 반짝이는 갑판에 서서

밤새 흔들리며 선생 생각
아직도 제 인생에 선생은
흔들리는 인생의 항해사이신가요?

우리는 흔들리면서도 끊임없이 가는
크루즈 인생의 동반자인가요?

— 2014. 1 .6.

빨레르모를 더운 여름에 보았던 것과는 달리 차분히 볼 수 있어 좋았다. 카타콤베도 보고 몬레알성당도 보았다.

빨레르모(Palermo)에서

무슨 비아(Via) 무슨 비아(Via)
옛날에는 부자들이 살던 거리
지금은 서민상가로 바뀌었지만

옛 품의 대성당은 여전히 우람하고
카타콤베 묘지는 인생을 직시한다.

여기서 카푸치노 한 잔 안 마실 수 있을까?
쓰고쓴 카푸치노 몇 잔이라도 마실까?

그래도 몬레알(Moreal)성당 올라가며
금빛계곡(Golden Valley) 빛나는 풍경 내려다보면

절반은 천당으로 승천하는 듯
오렌지빛 레몬향기에 취한다.

이름 모를 레스토랑에서 파스타 먹으며
"글라디르(Gladyr)" 와인을 마구 마셨다.

– 2014. 1. 6.

시내에서 한참 버스를 타고 올라 몬레알성당에 이르렀다. 밖에서 보면 별로인데 안에 들어가보면 화려한 비잔틴식 모자익 성화가 눈을 휘둥그레 놀라게한다.

몬레알(Monreal)성당에서

몬(Mon)은 마운틴(Mountain)일테고
레알산에 있는 성당이름인 모양인데.

밖에서 보기는 그저 그런 건축이건만
내부장식이 이렇게 화려할 줄이야.

그리스도의 용안을 몇십 미터 크기로 박은 것도 그렇고
성서의 사건들을 모자이크로 묘사한
비잔틴 예술의 극치를 보는구나.

그러니 사람들마다 몬레알 몬레알
나도 몬레알 산 바라보며 한 장 그린다.

내려오는 골목에 가게마다 걸린
세발 달린 시실리 여자 마스코트
여기선 두발 달린 여자는 병신?

몬레알 레스토랑에서 절대 긴장 풀고

주는 대로 마시고 흥에 겨웠다.

– 2014. 1. 6.

9. 다시 이태리에서

다시 하룻밤 사이에 나폴리로 왔다. 여기가 마지막 정착지이다. 긴듯 하던 여행도 아쉬움으로 막을 내린다.

나폴리항에서

나폴리는 떠나는 항구로만 경험했더니
오늘은 시실리에서 아침에 도착했다.

역시 빛나는 항구
지중해 바닷물이 햇빛에 눈부시다.

하늘에 가득찬 바다 갈매기
언디선가 들려오는 종소리.

나폴리 항구는 아침부터 부산하다.

크루즈도 마지막날
오늘은 나폴리, 쏘렌토, 폼페이

산타루치아
후니쿨리 후니쿨라

저 멀리 베수비우스산이 보인다.
그리스인들이 새폴리스(Neopoli)를 적소에 지었구나.

– 2014. 1. 7.

폼페이까지 왔다. 처음이다. 베수비우스산에 마치 화산재같은 구름이 걸려있다. 폼페이를 중국인은 폐패(廢貝)라고 적은 것이 재미있다.

폼페이(Pompei, 廢貝) 언덕에서

Pompeiviva(폼페이적 삶)
먹고, 씻고, 꼽고
멋대로 살던 고대 폼페이인들 머리 위로

어느날 갑자기 베스비우스 화산
용암재 내려덥치던 날

그대로 엉긴채 화석되고 폐허되어
2천년의 역사로 허허롭게 서있구나.

삼거리 우물터
빵 굽던 맷돌터
무너진 담장마다 잡초가 섰구나.

그대 폼페이인들 못지않게
잘 먹고, 잘 씻고, 잘 꼽는
21세기 한국인에게 베스비우스 화산은 없을까?
지구온난화와 백두산은 정말 무사할까?

옛 폐허의 원형극장에서
아리랑 한 곡조 합창하고

뭔가 내 머리에도 경계의 등불 키고 살아야지
폼페이 폐허의 언덕에서
중국인은 아예 폐패(廢貝)라 부르듯이.

– 2014. 1. 7.

그 길로 쏘렌토해변을 달린다. 해안의 낭떠러지가 겁날 정도로 가파르나 바다와 베스비우스산을 바라보는 뷰가 기막히다. 흥이 절로 난다.

쏘렌토(Sorrento) 가는 길

이태리의 척추 아페니노 산맥
중턱에 덩그런 산동네 바라보며

"오, 쏠레미오"
칸소네 곡 들으며 올라간다.

밑으로는 낭떨어지 절벽
바닷물이 유난히 파랗다.

돌아오라 쏘렌토
원래는 애환의 노래라고

그러고보니 가신님 아리랑의
이태리판 아닌가?

중국면을 가져와 스파게티 만든 이태리인들
그것을 짜장면 만들어 사는 한국인들

쏘렌토와 아리랑
반도인의 절규인가 화답인가?

멀리 베스비우스산에 용암같은
구름이 걸려있다.

— 2014. 1. 7.

이렇게 쓰며 그리며 두주간이 지났다. 보는 대로 이렇게 옮길 수 있었던 것은 마음속에 괴테와 춘원과의 대화가 있었기 때문이다. 그것이 베어나는 것을 막을 수 없었다. 그래서 더 즐거웠으니까.

Chapter 6
단편소설

조형진(교무처 미래교육팀) - 탁구왕

탁구왕

조 형 진(교무처 미래교육팀)

오성기, 12살이었던 1988년 그는 처음으로 탁구채를 잡았다. "탁구선수가 될래요." 1988년 제24회 서울올림픽 남자단식 결승전이 끝난 다음 날, 그는 유남규처럼 부리부리한 눈빛으로 부모님께 말했다. 회식을 마치고 붉은 얼굴로 돌아온 아버지는 성기의 이야기를 듣고 파안했다. "탁구 좋지. 탁구란 모름지기 대가리플레이야. 몸뚱이가 좋아 봐야 아무런 소용없어. 대가리가 좋아야지. 아무렴. 유남규 봐. 작은 고추가 맵잖아. 키 큰 놈들 다 이기잖아. 탁구는 속고 속이는 게임이란 말이야."

"아니, 공부도 못하는데 무슨 탁구야?" 어머니는 결사반대였다.

"여편네가 모르면서 지껄여, 지껄이기는……. 다 대가리플레이라니까. 일단 시켜보라니까. 탁구 배우면 공부도 쑥쑥 오른다니까. 알지도 못하면서 지껄여, 지껄이기는……."

아버지는 지갑에서 5,000원을 꺼내어 성기에게 건넸다.

"자, 이걸로 탁구채 사서 탁구도 열심히, 응? 공부도 열심히, 응?"

다음날 성기는 5,000원을 들고 체육사를 향했다. 5,000원짜리는 누가 봐도 초보자를 위한 허섭스레기였다. 2시간 동안의 단식투쟁을 감행한 결과 어머니에게서 추가로 10,000원을 얻어낸 성기는 정가 20,000원짜리 셰이크핸드그립 양면 탁구채 앞에서 울상을 지었다. 체육사 아저씨는 과거의 어린 자신을 만난 듯 콧수염을 만지작거리다 5,000원을 깎아주기로 마음먹었다. 새 탁구채에는 나비가 그려진 홀로그램 스티커가 붙어 있었다. 코르크와 고무의 싸한 냄새에 코를 벌름거리며 성기는 중얼거렸다. “이제부터 넌 영원한 내 친구야.”

성기에게는 3년째 같은 반이었던 급우가 있었다. 최고수라는 친구였다. 성기는 고수와 함께 동네 탁구장에 어린이 월간회원으로 가입했다. 탁구장 입구에는 액자가 걸려 있었다.

‘A Sound Mind in Sound Body’

성기는 먼지 쌓인 콘사이스 영어사전을 열심히 뒤적여보았지만, 그 말의 뜻을 알 수 없었다. 농고 대입반에서 2, 3등을 다투는 그의 형에게 뜻을 물었다. 성기의 형, 성식은 30분 후에 조용히 쪽지를 하나 건넸다.

‘몸에서 소리가 나면 마음에도 소리가 난다.’

성기는 그 쪽지를 책상에 테이프로 붙였다. 그날부터 고수와 그는 수업을 마치고 늘 탁구장으로 향했다. 무뚝뚝한 진녹색의 탁구대 위에서 흰나비만큼이나 가벼운 공을 똑딱똑딱 넘기며 성기는 고수와 우정을 차곡차곡 쌓아나갔다. 우정이 쌓이는 속도와 비례하여 네트를 넘어가는 공의 속도도 빨라졌다. 매일같이 서너 시간 동안 연습을 계속하던 소년들의 실력은 나날이 향상했다. 6개월이 지났을 땐 탁구장에 적수가 없을 정도였다. 그 또래 소년의 집중력은 무서운 것이었다.

성기와 달리 고수는 펜홀더그립의 단면 탁구채를 사용했다. 둘의 플레이 스타일은 정반대였다. 고수는 까딱 실수로 조금이라도 뜬 공에 가차 없는 맹공을 퍼부었다. 고수는 자신의 스매싱에 ‘탁구대를 쪼개버리겠어.’라는 이름을 붙였다. 고수의 스매싱에 맞아 안경을 깨먹거나 코피를 흘리는 상대도 속출했다. 그의 건곤일척 스매싱은 몸을 한 바퀴 회전하며 배수의 진을 치는 형태였다. 따라서 만일 상대가 그것을 받아내면 고수는 다음 기회를 포기하는 경우가 많았다. 물론 그 공격을 받아내는 사람은 흔치 않았다. 오로지 성기만이 가끔 고수의 스매싱을 받아냈다. 하지만, 고수는 공격밖에 모르는 단순한 스타일은 결코 아니었다. 테이블에서 몸이 조금 멀리 떨어져 공격할 타이밍을 놓치게 되면 잔뜩 구부린 온몸을 비틀며 드라이브를 걸었다. 고수의 탁구채가 공을 휘감을 때 나는 마찰음은 '오직 앞으로, 돌격!'이라고 들리는 듯했다. 상대진영의 가장 깊숙한 구석을 찌르는 드라이브는 낮게 깔리면서도 수룡처럼 힘차게 꿈틀거렸다.

반면, 성기는 커트를 연마했다. 상대의 어설픈 공에 성기는 탁구채를 잔뜩 눕혀 짚단을 베는 검객의 몸짓으로 강한 하회전을 걸었다. 공의 회전을 미처 읽지 못한 상대는 번번이 공을 네트에 꽂을 수밖에 없었다. 성기는 자신의 커트에 '난 지구의 단면을 보고 싶어'라는 이름을 붙였다. 상대가 탁구대 표면에 흠집을 남길 만큼 강한 공격을 내리꽂아도 성기는 자신의 진영에서 서너 걸음 뒤로 물러서서 큰 포물선을 그리며 공을 받아넘겼다. 주변에서는 성기의 높은 포물선을 그리는 리시브를 '두둥실 보름달'이라고 불렀다. 딱, 두우웅실, 딱, 두우웅실, 딱, 두우웅실……. 상대가 머리에 핏대를 세우며 공격에 속도를 붙일수록 포물선은 높아졌다. 가끔 '딱, 두우웅실' 하는 랠리가 지루해질 땐 성기는 공을 받아내며 콧구멍을 쑤시기도 했다. 결국, 공격하던 상대는 어이없는 실수를 하거나 혈압이 오른 뒷목을 잡고 경기를 포기하기 일쑤였다.

성기와 고수는 6학년이 되었다. 이미 두 소년에겐 탁구장의 성인회원들도 적수가 되지 않았다. 둘 사이의 전적은 우위를 가릴 수 없을 만큼 대등했다. 학년초 학교의 탁구부 주장이 이들에게 도전해왔다. 성기는 21:1로, 고수는 21:0으로 각각 주장을 박살내주었다. 탁구부 주장은 성경에 나오는 소금기둥 여자처럼 경기에 패한 순간의 모습 그대로 굳어

버렸다. 이들은 교내에서 누구도 넘볼 수 없는 양대 탁구 강자가 되었다. 탁구부 코치는 두 소년에게 제 19회 전국소년체전 초등부 남자단식에 참가할 것을 권했다. 성기는 "아직 아마추어인 걸요."라며 사양했지만, 고수는 "한 번 나가보지 뭐."라며 자신감을 내비쳤다. "복식으로 나가면 안 되나?"라는 성기의 제안에 고수는 "우리도 단판으로 승부를 내보자."라며 단식출전을 고집했다. 대부분의 탁구관계자는 전혀 예상 못 했겠지만, 아는 사람은 아는 실력의 소년 둘은 손쉽게 상대를 물리치며 예선을 통과했다. 이들이 치룬 예선전은 미친 도사견과 귀염둥이 치와와간의 투견에 견줄 만큼 일방적인 경기의 되풀이였다. 고수의 스매싱에 뺨을 맞고 울음을 터뜨린 아이가 있는가 하면, 성기의 커트가 뭔가 이상하다며 탁구채 검사를 요청한 코치도 있었다. 탁구계에 일대파란을 불러일으킨 성기와 고수는 결국 지역예선 결승전에서 맞붙었다.

그날의 실내체육관은 경기가 있었는지 의심스러울 정도로 정적에 휩싸였다. 실내체육관 응원석에 앉은 그 누구도 쉬이 결과를 예측할 수 없었다. 용호상박, 백중지세였다. 초등학교의 지역예선임에도 불구하고 신문기자 수십이 망원렌즈가 달린 사진기를 들고 경기장을 찾았다. 전국 각지의 중·고등학교 탁구부 코치들도 미래의 거목이 될 모종을 선점하러 모여들었다. 각종 탁구 동호회의 회원들도 믿기지 않는 소문을 듣고 집결했다. 흡사 70년대 고교야구의 결승전에 맞먹는 분위기였다.

'미래의 올림픽 금메달은 우리 거예요.'

'성기와 고수, 탁구계에 신선한 활력소'

'엘리트 체육을 비웃는 탁구 신동들'

결승전 전날의 스포츠 신문 헤드라인은 이런 문구로 도배되었다.

전국소년체전 지역예선 초등부 남자단식 결승전이 시작되었다. 경기결과를 예상하지 못했던 건 성기와 고수도 마찬가지였다. 상대의 강점과 자신의 약점을 너무도 잘 아는 서로였기에 누구도 함부로 먼저 공격을 걸지 못했다. 랠리는 한없이 길어졌다. 공이 라켓에 맞는, '탁'하는 파찰음은 거의 들리지 않았다. 2.8g의 흰 공과 탁구채의 포물선이 한 점에서 스치는 세밀하면서도 날카로운 소리, 운동화의 밑창이 나무 바닥에 마찰되는 신경질적인 소리만이 반복적으로 들릴 뿐이었다. 슥, 삑, 슥, 삑……. 첫 번째 득점을 올리기까지 34번의 랠리가 오갔다. 고수의 드라이브가 걸린 공이 성기 쪽 탁구대의 에지를 맞고 손쓸 수 없는 방향으로 튀었다. 고수는 한 손을 들며 "럭키"라고 말하며 미안함을 표시했다. 1:0으로 점수판이 넘어갔지만, 관중은 몇 초간 아무 소리도 내지 못했다. 정적에 미세한 구멍을 뚫고 누군가의 입에서 터져 나온 '아'하는 탄성을 신호삼아 우레와 같은 환호가 경기장을 찢었다.

"이게 초등부 경기야?"

"정말 대단하군. 올림픽 결승전을 보는 기분이야."

이날의 모든 경기상황을 묘사하기란 너무나 소모적일뿐더러 무의미하다. 다만, 무려 3시간에 걸친, 피비린내 나는 접전이었다는 것만 말해두겠다. 바닥에 흩뿌려진 두 소년의 땀을 닦기 위해 경기는 종종 중단되었다. 서로의 기술을 완벽히 간파한 둘에게 시합은 오로지 체력전이었다. 어린 소년들의 체력은 장시간의 소모전에는 부족할 수밖에 없었다. 둘의 코에서는 쌍코피가 흘렀다. 관중 중에는 지켜보는 것만으로도 너무나 긴장한 나머지 기절한 사람이 있었다. 쓰러지지 않은 사람들 중에도 손에 땀을 쥐다 못해 뚝뚝 떨어뜨리다 탈진에 이른 자가 많았다.

결과는 세트스코어 3 : 2, 최고수의 승리였다. 둘은 웃으며 악수를 나눴다. 오로지 실내체육관에 있는 사람들 중 고수만이 성기의 볼을 타고 흐르는 굵은 눈물을 보았다. 고수는 담담하게 성기의 어깨를 어루만지며 말했다.

"이 경기를 통해서 난 너의 약점을 알았어. 넌 몸 쪽 공에 대한 대응이 미세하게 늦거든. 이제 앞으로 너와 경기할 때는 공을 네 몸 쪽 방향으로만 보내겠어. 또, 넌 전진 속공을 해야 할 때 한 발 뒤로 물러서서 드라이브를 구사하더군. 그렇게 해서는 꼭 필요한 결정타를 날릴 수 없지. 그걸 고치지 않는 한 탁구를 그만두는 편이 나을 것 같아. 그리고 애초에 셰이크핸드 그립은 수비를 위한 탁구지. 너도 알겠지만, 탁구는 속고 속이는 전쟁이야. 수비만 잘 한다고 전쟁에서 이길 수 있나? 어때, 펜홀더로 전향하는 게 보는 게?"

성기는 자신의 귀를 믿을 수 없었다. 떨어뜨렸던 고개를 든 성기는 고수의 눈빛에서 맹수의 사악함과 흉포함을 느꼈다. 성기는 영원한 친구가 되기로 약속한 탁구채를 경기장 바닥에 떨어뜨렸다.

그날을 기점으로 남남이 된 두 소년은 양극단의 행보를 보였다. 전국소년체전 초등부 남자단식에서 금메달을 차지한 고수는 탁구의 명문 중학교에 스카우트되었다. 중학교 입학과 동시에 각종 대회우승을 휩쓸었고 탁구계는 유남규와 김택수의 뒤를 잇는 한국 탁구의 구세주로 일찌감치 고수를 점찍었다. 진흙속의 진주를 찾던 국가대표 감독이 고수의 전담코치를 자처했다. 유럽과 중국의 언론도 이미 고수를 세계 탁구의 차세대 유망주로 보고 밀착 취재했다. 모두가 새로운 탁구영웅의 탄생을 반기는 분위기였다.

반면 성기는 급속도로 체중이 불어나면서 뚱보 중학생이 되었다. 탁구를 그만두면서 활동대사량과 기초대사량이 동시에 급감했다. 그럴수록 식욕은 자꾸 늘어만 갔다. 열심히 탁구실력을 쌓아갈 때처럼 성실하게, 한 달에 5kg씩의 지방을 꼬박꼬박 축적했다. 15세에 이미 140kg의 체중을 상회하던 성기의 체형은 그가 저주하는 탁구공을 닮아갔다.

"그러게, 탁구는 무슨 탁구냐고? 공부나 시키자니까……."

방을 데굴데굴 굴러다니는 성기를 보며 어머니는 말했다. 중학교 3학년 겨울방학 어느 날, 성기는 자신의 얼굴만큼이나 둥그런 보름달 빵을 산더미처럼 쌓아 두고 크림에 범벅이 된 입으로 이렇게 중얼거렸다.

"이제 너만이 내 친구야."

고등학교에 입학해서도 성기는 우울과 빵을 동무삼아 자신의 내면으로 한없이 침잠했다. 물론 학업에 열을 올렸을 리는 없었다. 무협지와 만화책을 쉼 없이 탐독하며 머릿속으로만 세계의 곳곳으로 모험을 떠날 뿐, 친구도 희망도 없었다. 체중은 더욱 늘어 180kg을 초과했다. 스스로 걸어서 등교할 수 없는 지경에 이르자 성기는 아버지에게 학교를 그만 다니고 싶다고 말했다. 아버지는 처음으로 성기의 뺨을 세차게 때렸다. 고수의 초강력 스매싱보다도 느닷없고 매서운 따귀였다.

"고등학교 졸업장 없으면 이젠 공장도 못 들어가는 세상이야. 뭘 알지도 못하면서 지껄여, 지껄이기는……."

하지만, 두터운 지방층 때문에 신경전달이 느려진 성기는 모기에게 쏘인 듯한 표정으로 볼을 긁으며 말했다.

"그럼 자동차라도 한 대 사서 학교 데려다 주시든지……."

그날부로 성기는 용달차 짐칸에 몸을 싣고 학교를 다녔다. 등굣길에 킥킥거리는 여학생들의 비웃음을 귓등으로 넘기며 짐칸에서도 열심히 무협지와 만화책을 읽었나.

고수는 고등학교에 들어가서도 고공행진을 계속했다. 전국체전 남자 고등부 단식에서 우승하면서 1학년에 이미 국가대표선발전 참여 제의를 받았다. 탁구용품 회사와 스포츠브랜드 업체에서는 광고 섭외 순위 1순위였다. 하지만, 자신도 모르는 사이에 고수의 영혼은 조금씩 좀먹기 시작했다. 이른 나이에 돈과 명예에 맛들이면서 안하무인의 인간말종으로 변해갔다. 그의 재능에 감탄하던 주변 사람들은 하나둘 그의 오만한 행태에 질려버렸다. 툭하면 연습을 빼먹고 주색잡기로 시간을 허비했다. 여전히 참가하는 대회마다 우승을 차지하기는 했지만, 언론은 그의 성장곡선이 곧 완만해질 것으로 내다보았다. 언론의 예상은 완벽히 빗나갔다. 고수의 인생그래프는 곡선이 아니라 수직으로 곤두박질쳤다. 국가대표선발전을 1주일 앞둔 어느 날, 오토바이에 여자를 태우고 경춘가도를 달리던 고수는 급커브에서 가드레일을 들이받았다. 문제는 피범벅이 된 얼굴만이 아니었다. 골반과 대퇴골, 고관절이 복합골절을 일으키며 6개월간 병원신세를 져야만 했다. 다시 6개월간의 재활기간을 거쳤지만, 선수생명이 끝났다는 주치의의 소견이 기다렸다. 그보다 끔찍했던 것은 탁구관계자 중 누구도 병문안을 오지 않았다는 사실이었다. 고수의 오만함이 사고를 불렀다고 은근히 통쾌해하는 사람들도 있었다.

둘은 같은 날 고등학교를 졸업했다. 180kg의 뚱보와 심하게 다리를 저는 지체장애인이 된 그들에게 열려있는 일자리는 많지 않았다. 그들은 지역에 있는 전자제품 공장에 동시에 입사했다. 언제 어디에서건 다시 만날 운명이었다. 둘은 에어컨 조립 파트의 같은 조에 배치되었다. 한없이 돌아가는 컨베이어 벨트 앞에 나란히 앉아서도 두 청년은 말을 섞지 않았다. 고수는 끊임없이 에어컨의 덮개를 씌우고 성기는 지지 않고 볼트를 죄기만 했다.

쉬는 시간에 담배를 건네며 먼저 말을 건넨 것은 고수였다.

"야, 너 왜 이렇게 살이 쪘냐?"

성기는 담배를 무르며 대답했다.

"너는 무슨 일이 있었던 거야?"

6년이라는 짧지 않은 시간동안 고수를 향한 성기의 분노는 조약돌처럼 동그랗게 닳았다. 고수의 성격도 교통사고와 재활기간을 거치며 많이 위축되었다. 고수가 내뿜는 담배연기엔 거드름보다는 한숨이 배어 있었다. 아무렇게나 수염을 기르고 눈빛에 무게도 빠져 있었다. 다. 걷기조차 힘겨워하는 고수를 바라보는 성기의 마음속에서는 측은지심이 피어올랐다. 예전처럼 격의 없는 친구로 돌아가기는 쉽지 않았지만, 둘은 서로의 상처를 어루만지며 함께 밥 먹고 일했다.

2년이 흘렀다. 동년배들이 줄줄이 군대에 갔지만, 둘은 각각 체중초과와 고지혈증, 2급 지체장애로 면제되었다. 성실히 일하며 흘러간 시간은 마음의 상처뿐만 아니라 몸도 조금씩 치유했다. 성기의 체중은 30kg남짓 줄어서 150kg가량 되었다. 고수의 다리도 많이 회복되어서 달릴 수는 없어도 천천히 걷는 데 문제없을 정도가 되었다. 가끔 함께 술을 마시고 산책도 했다. 그러던 어느 날, 공장 식당 한구석에 달린 휴게실에 탁구대가 들어왔다. 직원들의 체력단련을 위해 공장장이 선심을 썼던 것이다. 성기와 고수는 잠시 탁구대를 바라보았지만, 금세 서로의 얼굴을 마주보고 씩 웃었다. 오로지 상처만을 남긴 괴물을 대하고도 웃을 수 있을 만큼 이들에게는 여유가 생겼다. 가끔 다른 직원들이 이들에게 함께 탁구를 쳐보자고 권해도 둘은 손사래를 치며 구경만 했다. 하지만, 그들도 모르는 사이에 똑딱똑딱 네트를 넘나드는 하얀 탁구공은 호수에 던져진 작은 돌멩이처럼 가슴에 파문을 만들어버렸다. 어느 점심시간, 성기는 조장의 손에 이끌려 탁구채를 잡고야 말았다. 손가락에 닿는 펜홀더 탁구채의 감촉이 무척 낯설었다. 평범한 서비스를 받지 못하고 우물거리는 성기에게 조장은 핀잔을 주었다. 성기는 터질 듯한 볼을 우물거리며 말했다.

“저는 셰이크핸드를 쓰는데요.”

“양빠따로 치시겠다? 어디 해봐, 그럼.”

조장은 너털웃음을 터뜨리며 성기의 손에 셰이크핸드 탁구채를 건넸다. 그저 탁구채를 잡았을 뿐인데 전신의 털이 곤두섰다. 성기는 조장의 어설픈 서비스를 예의 ‘난 지구의 단면을 보고 싶어’ 커트로 받아넘겼다. 조장은 네트를 스치며 넘어온 무시무시한 하회전 공을 넋 놓고 바라만 보았다. 경기결과는 21 : 1, 성기의 승리였다. 150kg의 거구로 뒤뚱거리기는 했지만, 여전히 일반인으로는 범접할 수 없는 실력이었다. 다음은 고수의 차례였다. 전처럼 빠른 체중이동을 할 수는 없었지만, 고수의 ‘탁구대를 쪼개버리겠어.’ 스매싱 또한 일반인의 눈으로 따라가기엔 너무 빨랐다. 경기결과는 21 : 0. 공장에서 탁구로는 자신을 따를 자가 없다고 자부하던 조장은 힘없이 무너져버렸다. 절름발이와 뚱보에게 연달아 대패하고 자존심에 구멍이 난 조장은 그날부터 매일 성기와 고수에게만 잔업을 시켰다. 두 청년은 소년시절처럼 오랜만에 소리 내어 웃었다.

그날부터 둘은 매일 탁구를 즐겼다. 단, 각각 다른 상대와 쳤다. 그들은 공장에서 10년 동안 탁구를 치면서도 한 번도 서로를 상대로는 경기하지 않았다. 성기는 120kg으로 체중이 줄었고, 고수의 다리는 가볍게 달릴 수 있을 정도로 회복되었다. 전국 동호인 탁구대회에도 나갔다. 둘은 16년 전의 전국소년체전 지역예선처럼 상대를 차례차례 무너뜨렸다. 예상대로 성기와 고수는 결승전에서 맞붙게 되었다. 16년 전의 그들을 기억하는 몇몇 사람들은 또 한 번의 숨 막히는 대결을 기대했다. 그러나 약속이라도 한 듯 둘은 나란히 기권의사를 밝히며 승부를 피했다. 그들의 우정은 이제 어린 시절의 순수함을 되찾아가는 듯 보였다. 하지만, 수놈의 승부욕이란 무서운 법. 이제는 무엇도 이들을 갈라놓을 수 없을 거라는 방심, 그 작은 틈을 통해 승부욕은 빠르게 둘의 가슴으로 파고들었다. 서로의 경기를 보는 사이에 성기와 고수는 가슴이 뜨거워지는 것을 느꼈던 것이다.

둘이 나란히 조장으로 임명된 날 밤, 두둥실 떠오른 보름달은 마치 새하얀 탁구공만큼이나 탐스러워 보였다. 먼저 입을 연 것은 다시 고수였다.

"딱, 한 게임만 쳐볼까?"

찝찝한 예감이 들었지만, 오랜만에 겨뤄보고 싶은 뜨거운 욕망은 성기도 마찬가지였다.

"딱, 한 게임만이다."

아무도 없는 휴게실에서 성기와 고수는 탁구대를 사이에 두고 서로를 향해 꾸벅 허리를 굽혀 인사했다.

성기는 아무런 회전도 없는 서비스를 보냈다. 고수는 평범한 리시브로 응대했다. 다시 성기는 고수가 가장 받기 쉬운 쪽으로 공을 보냈다. 다시 고수의 평범한 리시브……. 둘은 처음 탁구를 배운 그때처럼 길게 공을 주고받으며 랠리를 계속했다. 긴 세월을 거쳐 누그러진 서로의 마음처럼 완만하고 부드러운 포물선이었다. 진심어린 배려가 담긴 탁구였다. 둘의 얼굴엔 백제 불상처럼 온화한 미소가 번졌다. 하지만, 끊임없는 대화는 실수를 부르고 실수는 오해를 부를 수밖에 없다. 말하자면 대화에서건 탁구에서건 실수란 모든 인간이 감당해야 하는 숙명인 것이다. 고수도 인간답게 실수를 저지르고 말았다. 공은 고수가 부드럽게 휘두른 탁구채의 끝을 맞고 성기 진영의 구석진 곳을 향했다. "미안."하고 고수가 사과했지만, 성기는 날카로운 코스의 공을 받기 위해 본의 아니게 즉흥적인 커트를 구사했다. 그저 동물적인 반응이었는데, 고수는 성기의 실수를 고의로 곡해했다. 실수와 고의의 경계는 본인들도 알아차릴 수 없을 만큼 미묘했다. 고수는 커트를 커트로 대응했다.

"어쭈."

"이거 봐라."

다시 둘은 웃었지만, 한쪽 입꼬리가 살짝 올라간 웃음이었다. 처음처럼 부드러운 미소도 아니었다. 여전히 커트 대결에서는 성기가 한 수 위였다. '난 지구의 단면을 보고 싶어.' 커트는 예전처럼 날카로웠다. 고수의 심혈을 기울인 리시브가 미세한 차이로 아웃되었다.

"일 대 영. 진검승부로군. 그럼 나도 제대로 해볼까?"

"살살 해, 살살."

다시금 성기가 보낸 무회전 서비스에 고수는 '오직 앞으로, 돌격!' 드라이브를 보냈다. 성기도 지지 않고 맞드라이브로 응수했다. 이번엔 화룡과 수룡의 드라이브 대결이었다. 불같은 고수의 드라이브가 공격을 가하면 물같은 성기의 드라이브는 속도를 떨어뜨리며 회전을 걸었다. 수비로 공격을 당할 수는 없었다. 성기의 혼신을 다한 리시브가 결국 네트를 넘지 못하고 떨어졌다.

"일 대 일. 실력이 조금도 줄어들지 않았는데."

"너도 마찬가지야. 아직 힘을 다 발휘한 건 아니지?"

"그건 너도 마찬가지잖아."

그 언젠가 그랬듯이 탁구장은 고요했다. 이번에는 관중도 없었다. 공장 주변의 수목은 거센 바람에도 잎을 떨지 않았고, 철없는 금수도 감히 소음을 더할 엄두를 내지 못했다. 곰 같은 성기의 어깨에서는 무럭무럭 더운 김이 올랐고, 호랑이 같은 고수의 눈매에는 매서운 기운이 서렸다. 서로에게 드러나지 않기를 바랐건만 두 청년은 서로의 살기를 아프게 느끼고 있었다. 이기고자 하는 강렬한 투쟁심과 상대에게 상처를 입혀서는 안 된다는 죄책감이 가슴속에서 뒤틀리며 똬리를 틀었다. 숨 가쁘게 몸을 움직이고 땀을 쏟는 와중에 이성으로 본능을 통제하기는 어려웠다. 어느새 서로는 상대의 빈틈을 노리고 있었다. 다리의 이동이 완전치 않은 고수의 약점을 아는 성기는 탁구대의 양쪽 끝을 번갈아 노렸다. 고수 또한 성기의 몸 쪽에 대한 약점을 노려 강력한 백핸드 쇼트로 가장 난해한 곳으로만 공을 보냈다. 후두둑, 후두둑, 전쟁의 신, 아레스의 눈물 같은 땀이 바닥에 뿌려졌다. 이 모순된 경기는 한 시간 만에 단판으로 매듭지어졌다. 11 : 9. 승리의 여신 니케는 다시금 고수의 손을 들어주었다.

경기가 끝나고 고수는 성기의 어깨를 부둥켜안았다. 미안함과 안타까움이라는 단순한 단어로는 제대로 표현할 수 없는 감정이었다. 이번에는 고수가 울음을 터뜨렸고 성기는 웅담을 빼앗긴 곰처럼 얼어붙었다. 고수는 위로조차 할 수 없었다. 자신의 창이 가장 친한 친구의 방패를 완전히 조각내고 자존심의 가장 깊숙한 곳을 찔러버렸음을 깨달았다.

"미안해. 게임을 하는 게 아니었어."

성기는 대답하지 않았다. 성기는 부드러운 손길로 고수를 밀어내고 오른손을 내밀었다. 고수는 두 손으로 성기의 축축한 손을 잡았다.

'내 다시는 탁구를 치지 않으리라.' 고수는 마음속으로 다짐했다. 하지만, 그 경기가 어떤 결과를 초래할지 고수는 알 수 없었다. 다음날 성기는 공장에 출근하지 않았다. 그리고 다음날도 그 다음날도…….

고수와의 승부가 끝난 뒤 성기는 두려움에 떨었다. 자신의 내면 깊숙한 곳에서 튀어나온, 걷잡을 수 없는 승부욕이 두려웠다. 그리고 아무리

승부욕을 불태워도 자신은 절대로 고수를 이길 수 없다는 자괴감에 휩싸였다. 탁구에서만은 누구에게도 지고 싶지 않다는 내면의 투쟁심을 인정해야만 했다. 성기에게 탁구는 유일하게 자신의 존재를 드러낼 수 있는 무기였다. 차라리 그 무기를 던져버리고 싶었지만, 이대로 물러선다면 앞으로 직면할 인생의 모든 두려움 앞에서 번번이 무릎 꿇게 될 것 같은 기분이 들었다. 아니, 기분만이 아니었다. 틀림없이 그렇게 될 터였다. 성기는 공장에서 10년간 모아둔 돈을 10만 원짜리 수표로 몽땅 인출했다. 낡은 탁구 가방에 돈과 오래된 셰이크핸드 탁구채, 탁구공, 운동화를 담았다. 정처 없이 걷기 시작했다. 눈에 띄는 탁구장이 있으면 아무 곳이나 들어갔다. 탁구장의 아마추어 동호인들은 성기의 게임제의에 순순히 응해주었다. 시뻘건 얼굴로 한 타 한 타, 목숨을 내건 듯 임하는 성기의 탁구에 동호인들은 판판이 패했다. 탁구장 주인은 지역의 최강자에게 연락해서 구조를 요청했다. 그 누구도 성기의 상대는 되지 못했다.

"더 이상 상대는 없습니까?"

"그…그래. 자네가 이겼네."

"게임비로 얼마를 드리면 되겠습니까?"

"돈은 받지 않겠네. 그런데 도대체 자네는 누군가?"

"……."

"지금 자네가 이긴 자가 누군지 아는가? 3년 전까지 국가대표 상비군이었던 선수야."

"전 그냥 지나가는 사람입니다."

다음 탁구장으로, 또 다음 탁구장으로……. 성기는 지역의 최고수들을 깨부수며 전국을 떠돌았다. 잘 씻지 못해서 얼굴은 검실검실했고 머리카락은 산발이었다. 제때에 먹지 못하고 걷기만 했다. 당연히 살이 빠졌다. 120kg남짓했던 체중이 80kg까지 줄어들었다. 갸름한 턱 선이 드러나자 성기를 알아보는 사람이 있었다.

“자네는 1989년 소년체전에 나왔던 그 사람이지? 맞지? 최고수 선수와 지역예선 결승에서 맞붙었던……. 그래, 맞아. 그 날카로운 커트가 기억나는군. 정말 엄청난 시합이었지. 자네 이름이 오성기 맞지? 아직도 잊지 않아. 그런데 어쩌다가……”

“사람 잘못 보셨소.”

살이 빠지고 근육이 붙으면서 탁구의 탁구실력은 무섭게 향상되었다. 지역의 강자들이 보여주는 기술에 빠르게 적응했고 결국 습득하여 자신의 것으로 승화시켰다. 전국의 탁구장에는 이미 성기에 대한 소문이 퍼졌다. 엄청난 실력의 걸인이 탁구장을 떠돌며 영업을 방해한다는 소문이었다. 과연 그 실력이 얼마나 대단한지 구경하기 위해 모여드는 동호회원들도 생겼다. 어느새 치르는 경기마다 판돈이 걸렸고, 성기는 자신에게 돈을 건 사람들을 한 번도 실망시키지 않았다. 하지만, 그 자신은 돈에 전혀 미련을 가지지 않았다. 그저 실력을 향상하여 반드시 고수를 이겨야 한다는 사명을 되새길 뿐이었다. 그리고 그는 다른 사람들이 파악하지 못한 자신의 약점, 몸 쪽 공에 대한 대응이 늦는 점을 여전히 개선하지 못했다. 몸 쪽으로 강한 공이 넘어오면 포핸드에서 백핸드로 전환하는 순간이 지체되어 공격을 하지 못하고 간신히 어설픈 하프발리로 받아넘겼다. 그것을 극복하지 못하면 절대로 고수를 이길 수 없음을 탁구는 알고 있었다.

그러던 어느 날 성기는 한 동호인으로부터 기이한 소문을 들었다. 백두산 언저리에서 이슬을 먹고 사는 백발 도인에 대한 소문이었다. 세상에 있을 수 없는 실력으로 탁구의 한 시대를 석권했으나, 하루살이들의 계속되는 도전에 염증을 느끼고 산으로 숨어든 초월자에 대한 이야기였다. 이제 성기에게는 망설이거나 몸을 사려야 할 이유가 없었다. 성기는 중국행 비행기에 올랐다. 그리고 탁구채와 운동화가 든 일속의 꾸러미를 둘러메고 산길을 헤맸다. 목표지점은 없었다. 백두산을 달팽이처럼 휘감으며 혼자 거대한 땅덩이와 맞섰다. 이미 형성된 길은 성기의 길이 아니었다. 한 덩이의 먹이를 찾는 야수처럼 나뭇가지를 스치고 풀뿌리를 밟으며 새로운 길을 만들어갔다. 머리칼은 마구잡이로 자라서 뒤죽박죽으로 뒤엉켰고 얼굴에는 흉터가 겹겹이 자리 잡았으며 옷은 누더기가 되어 의복의 역할을 제대로 하지 못했다. 버섯과 작은 동물을 잡아먹었지만, 영양공급이 원활치 않아 오랫동안 살에 묻혀있던 앙상한 뼈대가 드러났다. 모르는 이가 마주쳤다면 성기를 전설의 탁구도인으로 착각할 정도였다.

시간의 흐름은 잊힌 지 오래, 몇 차례 계절이 바뀐 어느 초겨울 밤, 성기는 노송의 굵은 뿌리 앞에서 쓰러지고 말았다. 그는 일생의 숙원을 이루지 못한 삶의 고단함을 끌어안고 쓸쓸하게 눈을 끔뻑거렸다. 그리고 물빛에 어룽거리는 저 먼 대밭 틈에서 으스스한 연두의 안광眼光을 보았다. 도둑고양이의 눈빛을 닮은 두 개의 형광이 그를 노려보고 있었다. 아니, 그보다는 훨씬 크고 매서운 눈이었다.

'백두산이니 과연 호랑이가 나온다 해도 별 수 없지. 내 죽음을 예감하고 입맛을 다시고 있겠군. 이대로 썩어 없어질 뼈, 네게 주어도 원망은 없으리.'

안광은 성기를 향해 소리 없이 다가왔다. 그는 자신의 몸이 한없이 가벼워짐을 느꼈다. 티 없이 웃으며 눈을 감았다.

성기는 눈을 떴다. 한줄기의 빛도 허용하지 않는 온전한 어둠속에서 그는 몸을 더듬었다. 희미하게나마 뛰는 심장과 빨래판같은 갈비뼈가 느껴졌다. 다시 눈을 감았다 떴을 땐 남폿불을 든 백발의 노인이 웅숭 깊은 눈매로 그를 내려다보고 있었다. 성가 누워있던 곳은 동굴이었다. 백발의 노인은 서양인이었고 가슴까지 흰 수염을 드리우고 있어서 마치 이국의 마법사를 연상시켰다.

"뉘시오?" 성기는 소스라치며 물었다. 대답대신에 주먹밥 한 덩이가 돌아왔다. 자신을 해칠 의사가 없음을 눈치로 확인한 성기는 손에 들려진 주먹밥을 입에 쑤셔 넣었다. 말이 통하지 않았지만, 죽어가던 그를 안식처로 옮기고 음식을 준 그 노인이 탁구도인이라는 것을 직감으로 알아차렸다.

몸이 회복되자 성기는 꾸러미에서 허겁지겁 탁구채를 꺼냈다. 탁구채를 본 노인의 표정이 일그러졌다. 영원히 잊고자했던 심연의 그 무엇을 마주한 눈빛이었다. 노인은 성기의 눈을 가만히 응시했다. 단순히 탁구를 배우고 싶다는 의지를 넘어선 간절한 염원이 서려 있었다. 언젠가의 노인을 그대로 빼닮은 눈빛이었다. 노인은 이미 자신의 이름을 잊었지만 프랑스에서 그는 속세에서 드페르몽이라 불렸다. 프랑스의 국가대표 탁구선수였던 드페르몽은 만년 2인자였다. 당시 프랑스에는 세크라텡이라는 절대적 강자가 있었다. 세크라텡이 세계 탁구를 주름잡고 있던 시절, 드페르몽은 늘 그의 연습상대가 되어주었다. 세크라텡은 유일한 자신의 호적수로 드페르몽을 꼽았지만, 정작 한 번도 세끄라텡은 자신의 연습상대에게 패배를 허용하지 않았다. 드페르몽은 성기가 그랬듯이 세계 챔피언을 넘어서기 위한 수행을 떠났다. 그리고 자신의 탁구에 범접할 생물이 지구상에 없다는 확신을 가지고 세끄라텡에게 생애의 마지막이 될 도전장을 내밀었다. 하지만, 그때의 세끄라텡은 현역에서 은퇴하고 서커스 탁구로 세계를 유랑하는 삶을 살고 있었다. 한 시대의 세계 챔피언은 이미 이름을 팔아 돈을 쫓는 속인에 다름 아니었다. 세끄라텡은 도전장으로 코를 풀며 말했다.

“그래, 이제 자네가 챔피언이라고 해둠세. 그래서 뭐 어쩌라는 건가?”

드페르몽은 속세를 떠나며 자신의 이름을 버렸다. 그리고 다시는 탁구채를 잡지 않으리라, 뼈에 새겼다. 하지만……. 노인은 성기를 대숲 사이에 만들어진 공터로 데려갔다. 그가 원하는 것이 무엇인지 노인은 정확하게 알고 있었다. 공터에는 나무를 깎아 만든 탁구대가 덩그러니 놓여있었다.

무릇 탁구에는 일언반구도 필요치 않은 법이다. 탁구인은 전혀 말이 통하지 않는 외국인, 하다못해 외계인과도 공으로 이야기할 수 있었다. 노인은 옷자락에서 펜홀더 탁구채와 공을 꺼내어 평범한 서비스를 넣었다. 성기는 그간 갈고닦은 커트로 응수했다. 그러나 다음 순간에 벌어진 일을 성기는 믿을 수 없었다. 힘을 뺀 기지개처럼 나른한 노인의 스윙에 공은 시야에서 사라졌고 성기가 서있는 진영의 탁구대 한구석엔 패인 자국이 남았다. 동시에 등 뒤의 댓잎 하나가 공에 맞아 파르르 떨다가 팔락팔락 낙하했다. 지루한 수련이 시작되었다. 노인은 탁구대의 반을 떼어내고 네트 너머에 커다란 나무판을 세웠다. 나무판에는 탁구채에 붙이는 빨간 고무가 덧대어져 있었다. 노인은 시범을 보여주었다. 노인이 강력한 드라이브를 보내자 나무판의 고탄성 고무는 똑같은 드라이브로 공을 돌려보냈다. 커트를 보내면 똑같은 커트가 돌아왔다. 모습을 비추지만 않았을 뿐 나무판은 상대방의 탁구를 그대로 따라하는 거울에 진배없었다. 노인은 눈빛으로 말했다.

‘탁구에서의 승리는 상대를 누르는 데 있지 않다. 네 자신에게 무릎 꿇지 않게 되는 순간 진정한 탁구가 시작된다.’

과연 지독히도 무심한 벽을 상대로 무릎 꿇지 않을 수 있다면 세상의 그 무엇에게도 지지 않을 거라고 성기는 생각했다.

하루 종일 벽과의 싸움이 계속되었다. 종종 무릎이 꺾였고 땀에 범벅이 되어 주저앉았다. 아무리 성기가 강한 회전을 걸어도 벽은 망설임 없이 공을 되받아냈다. 노인은 일순의 관찰만으로 몸 쪽 공에 약한 그의 약점을 간파했다. 노인은 몸 쪽으로만 송곳 같은 스매싱을 보내서 받도록 하는 연습을 반복시켰다. 라켓을 잡은 성기의 둘째손가락에 피멍이 들고 부르트도록 몸 쪽 공에 대한 대응연습은 계속되었다. 타구의 정확도를 높이는 연습도 도입되었다. 노인의 공은 마음먹으면 언제나 상대방 진영의 한쪽 귀를 노려 에지를 유도할 수 있을 정도의 정확성을 지니고 있었다. 또한, 상대방의 공이 자신의 에지를 스쳐도 각도를 예측하여 받아넘길 정도의 순발력 또한 갖추고 있었다. 마치 바닥에서 몇 밀리미터쯤 떠있는 듯 미끄러지는 운신술이 그 비밀이었다. 성기는 조금씩 노인의 기술을 핥고 맛보고 되새기며 자신의 것으로 만들어갔다. 기술 하나를 배우는 데 몇 달이 소요되기도 했다.

수차례의 계절이 변하고 성기는 샘에 비친 자신의 모습이 노인을 많이 닮았다는 사실을 깨달았다. 하루 종일 벽을 상대해도 더 이상 하체가 후들거리지 않았고 땀조차 흐르지 않았다. 대밭과 자아의 경계가 허물어졌고 탁구공과 자신이 하나처럼 어우러졌다. 공기를 거스르지 않는 유연한 스윙이 완성되었다. 흔들리던 구질이 고요한 시내에 떠있는 일엽一葉과도 같이 단정해졌다.

성기는 노인에게 게임을 청했다. 눈은 으스름달 아래 탁구대 앞에 마주섰다. 철모르쟁이 부엉이의 구슬픈 울음이 골짜기를 타고 내려와 어둠을 물렸다. 노인과 성기는 누구도 본 적 없는 탁구를 펼쳤다. 우아한 곡선의 향연이었다. 탁구채가 자로 잰 듯 허공을 가를 때마다 가는 선의 끝에 걸린 댓잎이 하나씩 떨렸다. 단 한 점으로 결판날 승부였다. 초저녁에 시작된 경기는 달이 떨어지고 해가 모습을 드러날 때까지 끝나지 않았다. 승부를 가른 건 희붐하게 밝혀진 먼동의 햇살 한 자락이었다. 눈이 부셔 노인은 가볍게 머리를 흔들었고 그 때 머리에서 흘러내린 터럭이 안구를 스치며 훼방을 놓았다. 노인의 타구에 미세하게 혼탁한 기운이 섞였다. 네트에서 한 뼘 가량 떠오른 공을 성기가 놓칠 리 없었다. 앞으로 몸을 날린 성기의 옷자락에서 일순 무시무시한 광풍이 일었다. 그리고

쩍, 노인의 원목 탁구대가 반으로 갈라졌다. 우악한 참나무를 깎아 만든 탁구대도 죽음을 각오한 탁구의 일타를 견뎌낼 수 없었다. 바닥에 떨어진 공에서는 희미한 연기가 피어올랐다. 실로 수십 년 만에 노인은 너털웃음을 터뜨리며 입을 열었다.

"Vous êtes un vrai champion.(네가 곧 진정한 챔피언이다.)"

성기는 노인에게 큰절을 올리고 산을 내려왔다.

가판의 신문에서 확인한바 성기가 입산入山한 때로부터 어느덧 5년이 흘러 있었다. 초록의 수목과 탁구만을 벗 삼던 성기에게는 세인의 변화된 복식이 낯설었다. 행인들은 도포차림의 성기를 흘끔거렸지만, 정작 그는 무엇도 눈에 들어오지 않았다. 당장 집으로 돌아갈 이유는 없었다. 모든 일은 최고수와의 단판을 매듭지은 후에 돌아보아도 늦지 않았다. 하지만, 기억을 더듬어 찾아간 공장은 폐쇄되어 있었다. 공장 주변에 기거하던, 공장시절의 동료에게서 최고수의 연락처를 얻을 수 있었다. 공중전화기의 다이얼을 누르는 성기의 손가락이 떨렸다.

"여보세요?"

"나다."

"뉘신지……."

최고수는 어떠한 감정도 섞이지 않은 성기의 목소리에서 한동안 잊었던 울림을 감지했다.

"혹시……."

"그래, 나다. 좀 보자."

약속장소인 커피숍에 홀연히 나타난 성기의 행색을 보고 최고수는 아연했다. 또한 실크 셔츠에 야한 색깔의 넥타이를 착용하고 나타난 최고수를 본 성기는 뭔가 단단히 잘못되었다는 것을 알아차렸다. 최고수는 넉살을 떨며 살찐 손을 내밀었다.

"야, 오랜만인 걸. 어떻게 지냈어?"

"……."

"어디서 도라도 닦다가 온 거야?"

"……."

"결혼은 했고?"

"자…자네는?"

"난 두 번 했다가 두 번 깨졌지. 지금은 가볍게 엔조이할 만한 애들만 만나. 계집애들 돈만 밝혀서, 원……."

"……."

"얼마나 재미나게 지냈기에 연락도 끊고 살았어, 그래? 간만에 술이나 한 잔 빨까?"

"아니, 난 자네에게 볼 일이 있어서 왔네."

"볼 일? 무슨 일이기에 수 년 만에 나타나서 분위기 잡고 그래? 술이나 한 잔 하면서 얘기하자니까. 나 이 근처에 물 좋은 데 다 알아."

"아니야. 난 자네에게 도전하러 왔다네."

"도전?"

최고수는 먼지 쌓인 서랍 구석에서 어린 시절의 일기장을 발견한 표정을 지으며 말했다.

"아, 혹시 탁구?"

"그럼 내가 달리 무엇 때문에 자네를 찾아 왔겠는가?"

"이 사람아, 나 벌서 탁구 안친지 오래됐어. 그리고 요즘 세상에 누가 탁구를 쳐? 요즘 골프 치는데, 자꾸 슬라이스만 나고 잘 안 늘더라고. 그럼 스크린 골프장 가서 맥주나 한 잔 할까?"

"……."

하늘이 무너지고 땅이 갈라지는 느낌이었다. 성기는 대꾸할 말을 찾을 수 없었다. 자신을 꿈속에서조차 떨게 하던 최고수는 이미 죽어버렸다는 것을 깨달았다. 마주보고 있는 자는 그저 최고수의 껍데기에 불과했다. 그는 그저 유들유들, 번드르르 자본의 기름때에 찌든 속물일 뿐이었다. 성기는 눈앞의 돼지에게 일갈一喝할 가치조차 느끼지 못했다. 분노를 삭이지 못한 성기는 탁자위에 놓인 찻잔을 움켜서 부수어버린 뒤 자리를 박차고 일어섰다.

성기는 비치적비치적 계단을 올랐다. 자신이 어디로 가는지조차 모른 채 헤맸다. 정신을 차린 곳은 자신과 최고수가 다니던 중학교의 옥상이었다. 왜 발이 그곳으로 자신을 이끌었는지는 알 수 없었다. 어쩌면 그곳은 그가 알던 가장 높은 곳이었는지도 몰랐다. 적이 사라진 세계에 더 이상 그가 존재할 이유는 없었다. 낙천적인 햇살이 옥상을 후끈 덥혔지만 그는 춥고 외로웠다. 난간에 올라선 성기는 마지막으로 천지를 흔드는 사자후를 내뱉었다. 그리고 하늘 너머의 한 지점을 아련히 바라보며 한 발을 허공으로 내딛었다.

그때였다. 옥상에 천막처럼 세워진 가건물에서 똑딱똑딱 탁구공 튀는 소리가 들린 건. 이어서 아이들의 재깔거리는 소리가…….

"하하하, 이번엔 내가 이길 거다."

"우헤헤, 천만의 말씀."

그것은 환청이었을까? 어린 시절 최고수와 자신이 처음으로 탁구를 배우던 시절, 공을 주고받는 그 순수한 기쁨에 벅차던 시절의 어린 목소리였다. 지구가 탁구공처럼 새하얀 줄로만 알던 시절, 오성기는 그 시절로 뒷걸음질치려는 듯 허공에 놓여있던 발을 힘차게 뒤로 내딛었다.

Chapter 7
희곡

정성민(사회과학대학) - 풍 문

풍문

정 성 민(사회과학대학)

<등장인물>

김팀장(48)
이실장(43)
박과장(38)
최대리(33)
정씨(28)
사장(40)
행인1, 행인2, 손님들

<무대>

풍문동의 거리와 투게더 호프

<때>

현대, 주말 새벽

풍문동의 거리. 무대에는 영화관, 카페, 술집, 단란주점, 모텔, 노래방, 옷가게, 편의점의 간판들이 즐비하게 서있다. 네온사인은 화려하게 빛나고, 최신가요가 쩌렁쩌렁 울리고 있다.

행인1 : 벌써 새벽 3시가 다 돼간다. 너 청소부 이야기 들었지?

행인2 : 청소부 이야기야 들었지. 새벽 3시부터 5시까지 물대포로 거리를 청소한다지. 쓰레기든 사람이든 가리지 않고 쏜다며?

행인1 : 맞아. 그런데 내 친구말로는 건물 안에 있는 사람도 끌어내서 청소한다더군.

행인2 : 무슨 말이야? 청소부가 건물 안의 사람도 청소를 한다고?

행인1 : 건물 안이라도 잠을 자고 있거나, 혼자 있으면 그물로 끌어낸대. 그 친구가 여기서 호프집을 하거든. 벌써 알 만한 사람들은 다 알고 있다고 했어.

행인2 : 풍문동이라…… 알 수 없는 곳이군. 우리도 밤새 놀 거 아니면 물대포 맞기 전에 어서 뜨는 게 어때?

행인1 : 당연하지. 이제 곧 3시네. 일단 택시부터 잡자. (손을 위아래로 흔들며) 여기 따블 따따블

암전

'뚜우' 굵은 사이렌 소리가 길게 무대에 울린다. 불이 켜지면 '투게더 호프'라는 간판이 보인다. 크고 투명한 유리창에 조그만 문이 있다. 가게 안에는 몇 개의 테이블이 있다. 1팀의 사람들은 유리창 가까이에, 다른 손님들은 먼 쪽에 앉아 있다. 다시 시끌벅적한 웃음소리, 최신가요가 들리다가 잠시 적막. '칙 칙칙 뿌이칙칙' 장갑차가 움직이는 듯한 굉음이 들리더니, '치이칙' 하고 그 소리가 멈춘다.

김팀장 : (유리창 밖을 손으로 가리키며) 이실장 저거 보여? 청소차가 이 앞에 서있는데?

이실장 : (웃으며) 뭘요. 우리 팀장님이 청소차 한 두 번 보시는 것도 아니고. 또 이렇게 사랑하는 팀원들끼리 함께 있는 걸요. 푸하하하!

김팀장 : 그렇지? 금방 지나가겠지. 하하. 자 다들 주목. (일어서며 맥주잔을 든다) 오늘은 우리 1팀이 3분기 최고 실적을 달성한 역사적인 날이다. 다시 한 번 다 함께 건배!

팀원들, 모두 일어나 잔을 부딪치며, '최강 1팀 파이팅'을 외친다.

이실장 : (박과장을 껴안으며) 박과장 우리 내일부터는 회사에서도 그냥 형 동생하면서 지내자고. 난 네가 참 맘에 드네.

박과장 : 여부가 있겠습니까. 저도 형님 같은 분이 우리 팀에 있어서 얼마나 든든한지 몰라요.(껴안고 있는 이실장의 빰에 뽀뽀를 한다)

정씨 : 어머 저만 빼고 두 분이서 노실 꺼에요?

박과장 : 어이쿠. 우리가 홍일점 정씨를 빼고 놀다니 말이 되나. (잔을 들고 정씨의 옆에 앉는다) 정씨, 그나저나 어제 실수는 내가 그냥 넘어 갈 테니 전혀 신경 쓰지 말아요.

정씨 : 제가 더 조심했어야 했는데 괜히 박과장님만 고생시켰네요. 정말 죄송해요. 앞으로 더 잘할게요. 이쁘게 봐주세요. (살짝 박과장에게 팔짱을 낀다)

박과장 : 아니 최대리 너 이실장님한테만 술 따라주기야?

최대리 : 하하하. 이실장님이 뭐 워낙 저를 이뻐라하시니깐 당연한 거 아닙니까. 이번에 제 실적 모자란 것도 채워주시고.

박과장 : (토라진 표정으로) 너 그러면 나 삐진다. 저번 달에는 내가

도와준 거 잊었어?

최대리 : 아이구 농담입니다. 농담. 요즘에 이실장님이랑 술 마신 지가 오래되어서 그래요. 자자 박과장님 아니 형님도 한잔 쭉 드세요.

이실장, 박과장, 최대리 연신 잔을 부딪치며 서로 술을 따라 준다. '칙칙칙 뿌이칙칙' 청소차의 소리가 시작되면서 점점 커진다.

김팀장 : (이실장을 툭 치며) 저거 봐. 청소차가 아직도 안 가고 있어. 청소부도 나와있군. 제길. 저 손가락 우리를 가리키는 거 아냐?

이실장 : 아니 우리 팀장님이 언제부터 이렇게 소심해지셨습니까? 전 끌려 나가도 김팀장님이랑 같이 갈 테니 걱정 마세요.(엉덩이를 좌우로 흔들며) 김팀장님의 리더십으로 하나 된 우리 1팀 아닙니까요옹. 괜한 거 신경 쓰지 마시고 자 한잔...

최신가요소리가 커진다. 1팀의 사람들은 서로 자리를 바꾸며, 러브샷을 한다. 만취한 손님들의 웃음소리로 투게더 호프 안이 떠나갈듯 시끄럽다. 저 멀리에서 1팀의 사람들을 한참 지켜보던 사장이 성큼 성큼 다가온다.

사장 : (상기된 표정으로) 손님들. 정말 죄송하지만, 청소부가 이 테이블을 가리키고 있는 것 같습니다만…….

이실장 : 아니 사장양반. 우리 몰라? 투게더 호프 한두 번 오는 것도 아닌네.

사장 : 단골손님들을 제가 모를 리가요. 그런데 청소부를 잘 보세요.(유리창 밖을 보며) 분명히 저 손가락은 여기를 가리키고 있습니다.

김팀장 : (정색을 하며) 그래서 어쩌라는 거요?

사장 : 자진해서 누군가 나가지 않으면 청소부는 그물봉투를 집어 던질

겁니다. 조만간……

박과장 : (잔을 테이블에 꽝 내려놓으며) 보시다시피 우리 중에는 잠을 자거나, 혼자 있는 사람이 없는데 누구더러 나가라는 거요?

사장 : 분명히 손님들 중에 있을 겁니다. 저 청소부는 절대 그냥 지나치는 법이 없어요.

팀원들 일제히 유리창 밖의 청소부를 쳐다본다. 잠시 침묵.

김팀장 : (근엄한 목소리로) 하나 둘 셋 넷 다섯! 이렇게 우리 팀원 다섯 명. 아무도 자지 않고, 아무도 혼자 있지 않소. 잡아가든 말든 사장은 신경 끄고 가주시오. 이거 술맛 떨어져서 원.

사장 : 이대로 청소부가 앞에 있으면 손님들이 불안해합니다. 오늘 장사만 끝이 아니라 다음부터는 저희 가게를 찾지 않게 된단 말입니다. 이거 참, 오늘따라 빨리 끄집어 내지 않고 저러고 있는지.

김팀장, 이실장, 박과장, 최대리는 담배를 입에 문다. 그리고 슬쩍 슬쩍 유리창 밖을 본다. 1팀 사람들의 표정에서 취기가 가시고 긴장감이 흐른다. 카운터로 돌아간 사장은 팔짱을 끼고 1팀의 테이블을 한참동안 쳐다본다. 흐르던 최신가요소리는 줄어들고, '칙 칙칙 뿌이칙칙' 청소차의 굉음이 커진다. 사장은 당황한 표정으로 유리창 밖으로 고개를 돌린다.

손님들 : 청소차다! 청소부도 있어!

청소차를 처음 본 누군가의 외침에 손님들이 유리창을 몰려든다. 한참을 쳐다보다가

손님들 : 청소부가 여기를 가리키고 있는데?

일제히 1팀의 테이블을 바라본다. 사장은 다시 볼륨을 최대로 높였다. 청소차의 굉음이 줄어들고, 다시 가요소리가 커진다.

사장 : 자자 손님 여러분들 자리에 앉아주세요. 청소차 처음 보십니까? 가게 앞을 청소하려고 멈춰 있는 것뿐이에요. 이 황금 같은 금요일, 밤새 즐기고 있는 멋진 여러분들을 위해 제가 생맥주 한잔씩 돌리겠습니다. 하하하, 앉아요 앉아.

손님들 웅성거리며 자리로 돌아가 앉는다. 사장은 허둥지둥 생맥주를 따르고, 손님들에게 가져다준다. 그리고는 김팀장 앞으로 다가왔다.

사장 : 보십시오. 다른 손님들도 드디어 청소차와 청소부를 알아봤습니다. 이제 어쩌실 겁니까?

이실장 : (소리치며) 아니 지금 뭐하는 짓이야? 우린 아니라니깐.

사장 : (이실장을 무시하며) 손님이 이 자리에 제일 높으신 분이죠?

김팀장 : 그렇소.

사장 : 그러니 혼자인 사람을 내보내 주세요. 제발 부탁입니다.

김팀장 : 음. 알겠소. 내가 알아서 할 테니 사장양반은 잠깐 저리로 가 있어.

김팀장은 손에 들고 있던 담배를 신경질적으로 재떨이에 비벼 끄고, 팀원들의 얼굴을 쭈욱 살펴본다.

김팀장 : (속삭이듯) 우리들 중에 혼자인 사람이 있나 본데…….

팀원들 서로 눈치를 살핀다.

이실장 : 자고 있는 사람은 없고, 저 손가락이 우리를 가리키는 거라면

누군가 혼자란 건데…….

이실장 : (테이블을 탁 치며) 팀장님. 걱정하지 마세요. 제가 알 것 같습니다.

1팀 모두 : (놀라며) 그게 누구?

이실장 : 헛 허음(헛기침을 몇 번 하고) 혼자인 사람은 바로 박과장입니다.

김팀장 : 박과장? 어째서 박과장이란 말이지?

이실장 : (겸연쩍은 듯 박과장을 슬쩍 보고) 매번 실적도 그렇고, 과장 밥값은 못 하고 있지 않습니까?

박과장 : (당황하며) 이실장님 지금 무슨 말씀하시는 겁니까?

김팀장 : 박과장 잠깐 있어보게. 이실장 계속해봐.

이실장 : 위에서는 인정 못 받지, 아래서는 후배들이 치고 올라오지. 그러니 항상 겉돌고 있는 것 같습니다.

박과장은 황당하다는 표정으로 이실장을 보고 있다.

김팀장 : 음. 박과장 자네는 이실장 말을 어떻게 생각하나?

박과장 : 이실장님. 너무 하십니다. 실장님 말씀대로 위에서 치여, 아래서 치이지만 윗사람 떠받들고, 후배들 챙기는 사람도 저밖에 없지 않습니까?

1팀 사람들 시선을 박과장에게서 돌린다.

박과장 : 하여튼 전 혼자가 아니에요. 너무합니다. 전 혼자가 아니라구요. (한숨을 쉰다)

김팀장 : 그렇긴 해. 박과장이 중간에서 고생은 많이 했지. 그렇다면 누가 혼자란 말이야?

박과장 : (단호한 목소리로) 이실장님이야말로 혼자입니다.(고개를 돌

려 이실장의 눈을 똑바로 쳐다본다)

이실장 : (소리치며) 박과장. 미쳤어? 내가 한마디 했다고 자네가 이러는 건 아니지 않나?

김팀장 : 이실장 조용히 해봐. 왜 이실장이 혼자라는 거지?

박과장 : 이실장님 오늘도 따로 점심 먹었죠?

이실장 : 아닙니다. 회사 앞으로 와이프가 찾아와서 어쩔 수 없이 같이 점심을 먹었습니다.

박과장 : (비웃으며) 아 그래요? 오늘 최대리와 정씨 저희 셋이 지나가다 볼 때는 천상무님이랑 계시던데요.

이실장 : 아닙니다. 팀장님. 그건 와이프를 기다리다가 우연히 천상무를 만난 겁니다. 그걸 가지고 박과장이 모함을 하네요. 저놈이.

박과장 : 뭐요? 저놈이라니요?

이실장 바로 옆에 있던 박과장은 '삐직'소리를 내며 의자를 이실장 쪽으로 틀고, 노기 어린 눈으로 쳐다본다.

박과장 : 오늘뿐만 아니라 이실장은 너무 자주 다른 부서 사람들과 점심을 먹습니다. 다른 부서로 옮기려고 줄을 대고 있다는 소문이 이미 파다해요.

이실장 : 아닙니다 팀장님. 오해예요. 박과장 너라면 높은 분이 불러서 먹자는데 거절할 수 있을거 같아?

박과장 : 이실장님이 먼저 먹자고 통화하는 거 자주 들었습니다만…….

이실장 : (자리에서 벌떡 일어나며) 뭐라고? 너 입 안 닥쳐?

김팀장 : 자자 둘 다 진정해. 최대리와 정씨는 어떻게 생각해?

최대리와 정씨 고개를 푹 숙이고 말이 없다.

김팀장 : 그러지 말고 최대리부터 이야기 해보게. 누가 혼자인거 같은가?

최대리 : 만약에 팀장님이 한 명을 고른다면 누굴 고르시겠습니까?
김팀장 : (한숨을 쉬며) 그건 너무 어려운 일이야.
최대리 : 어려울 것 없습니다.

1팀 사람들 모두 최대리를 본다.

최대리 : 어차피 우리도 회사라는 사회에서 일로 만난 관계입니다.
김팀장 : 그래서?
최대리 : 회사가 팀장님에게 한 명을 짜르라고 했을 때, 팀장님이 고르는 한 명이 혼자인 사람이 맞을 겁니다.
정씨 : 최대리님 말이 맞아요. 회사는 일이 우선이죠.
김팀장 : 만일 그런 상황이 와서 일적으로 누굴 고른다면...... 직급별 실적이나, 근무평점에서 가장 처지는 사람이겠지. (잠시 고민하고) 그러면 이실장일세.

김팀장은 의자를 이실장에게서 살짝 띄워 놓는다.

이실장 : 팀장님 그게 무슨 말씀이십니까?
김팀장 : (이실장의 시선을 피하며) 헛 허음.
이실장 : 그건 이번 3분기 실적만 그랬을 뿐입니다. 작년 재작년 모두 합쳐서 평균을 내면 저는 상위권입니다. 가장 나쁜 사람은 박과장이었다구요.

김팀장은 고민스러운 듯이 두 손으로 얼굴을 감싸고, 이실장과 박과장이 서로를 노려본다. 투게더 호프 안의 손님들은 모두 대화를 멈추고, 1팀의 테이블을 주목하고 있다. 최신가요소리가 다시 줄어들고, 청소차의 굉음이 커진다. 팀장이 얼굴에서 손을 내리고 정씨를 향해 몸을 돌린다.

김팀장 : 그렇다면 우리 1팀, 아니 여기 1팀 실적 관리를 하는 정씨가 말해보게. 이실장의 말이 맞나?

정씨 : 이실장님의 말씀이 맞긴 해요. (박과장의 시선을 피하며) 솔직히 평균을 내자면 순위가 가장 낮은 사람은 박과장입니다.

박과장은 체념한 표정으로 두 눈을 감았다. 잠시 후 벌떡 자리에서 일어나 문 앞으로 뚜벅 뚜벅 걸어갔다. 문을 열었다.

암전

'파악 파악' 물대포 소리가 들린다. '쏴아악' 거센 물살에 휩쓸려 내려가는 소리가 들린다.

불이 들어오자 무대에는 '콘그레이추레이션 콘그레이추레이션' 생일축하 노래가 나온다. 노래에 맞춰 색전등이 현란하게 돌아가며 반짝인다.

사장 : (통쾌하게) 하하하. 손님 여러분들 이제 끝났습니다. 청소차와 청소부는 이제 곧바로 떠날 겁니다. 이 썰렁한 분위기 어떻게 할 거야. 바로 제가 책임집니다. 자 서비스로 생맥주 한잔 더 쏘겠습니다.

손님들 : 짝짝짝.

김팀장 : 박과장은 박과장이야. 일단 우리끼리 한잔하자고. 자 사장, 여기 오징어 한주도 하나 서비스.

사장 : 네. 서비스로 오징어 안주 하나 올리겠습니다.

남은 1팀 사람들끼리 서로 맥주잔을 부딪친다.

이실장 : 이거봐 최대리하고 정씨, 얼굴 피라고. 오늘은 우리가 최고 실적을 달성한 날이야. 이제 박과장도 없어졌으니 1등 자리는 항상 우리 차지란 말이야. 하하하.
최대리 : 그럼요. 저희는 이실장님만 믿습니다.
정씨 : (어색하게 엄지손가락을 올려보이며) 이실장님은 역시 멋쟁이.

안주로 나온 오징어를 뜯어 정씨가 이실장의 입에 가져갈 때, 사장이 다시 허겁지겁 다가온다.

사장 : 김팀장님. 큰일났어요. 아직... 아직 청소차가 가질 않았어요.
1팀 사람들 : 뭐라구?

모두들 잠시 동안 넋이 나간 듯 창밖을 본다. '칙 칙칙 뿌이칙칙' 청소차의 굉음이 다시 커진다. 남은 1팀 사람들 양 손으로 의자를 잡고 조금씩 뒤로 옮기며 자리 간격을 넓힌다.

사장 : (격양된 목소리로) 이 테이블에 혼자 있는 사람이 또 있는 것이 틀림없습니다. 벌써 전 두 번씩이나 서비스 맥주를 돌렸다구요. 더 이상은 안 돼. 어서 한 명을 내보내주세요. 어서요!
김팀장 : (대단한 발견을 한 듯이) 그렇다면 박과장이 혼자인 것이 아니었을 수도 있잖아. 박과장은 문을 열고 길거리로 나갔기 때문에 쓸려 갔을 수도 있어.

김팀장 다시 굳은 표정으로 앉아 있는 세 사람을 찬찬히 살펴본다.

김팀장 : (신경질적으로) 제길 누구야 그러면 혼자인 것이.

이실장 : 팀장님. 걱정 마세요. 제가 알 것 같습니다. (비열한 웃음 띠며) 박과장이 아니라면 혼자인 것은 최대리가 분명합니다.

최대리 : (반사적으로) 뭐라구요?

이실장 : 팀장님. 방금 전 상황이 모든 것을 말해줍니다. 결정적으로 박과장을 보낸 것은 바로 최대리입니다.

김팀장 : (의아해하며) 자네가 먼저 박과장을 지목하지 않았나?

이실장 : 전 진짜로 박과장을 내보낼 생각은 없었습니다. 가족 같은 우리 1팀을 회사니 사회니 운운하면서 박과장을 쫒아낸 것은 최대리란 말씀입니다.

최대리 : (테이블을 두 손으로 치며 일어난다) 비겁합니다. 이실장님!

이실장 : 똑똑한 척하면서 불쌍한 박과장을 내보낸 건 너야.

최대리 : (손가락 하나를 이실장의 얼굴에 들이밀면서) 그렇습니까? 그럼 회사를 떠나서 혼자인 사람을 말하자면 바로 이실장님이죠. 훗, 안 그래요?

김팀장 : 뭐야 최대리. 자리에 앉게. 아무리 그래도 예의는 지켜야지. 어서.

최대리 : (털썩 앉으며) 휴우. 알겠습니다.

김팀장 : 자 조금만 진정하고 말해봐. 왜 이실장이 혼자라는 거지?

최대리 : 아시다시피. 이실장은 얼마 전에 이혼을 했습니다. 아니 이혼을 당했습니다.

이실장 : 뭐야 이 쌍놈이, 그 이야기가 지금 왜 나와?

최대리 : (담담하게) 그것도 성매매특별법에 걸려서 벌금형을 받은 후, 마누라한테 들켜 아이들도 다 뺏기고 혼자가 되었습니다.

이실장은 테이블에 있던 팝콘을 한 움큼 쥐어 최대리의 얼굴에 던진다. 최대리도 벌떡 일어나 오징어 안주와 함께 나온 땅콩을 쥐려는 순간, 김팀장이 일어나 최대리의 팔을 잡는다.

김팀장 : 이봐 최대리. 회식도 회사일의 연속이네. 박과장은 안 그랬는데 자네는 왜 이렇게 막나가나. 그나저나 이실장 성매매 특별법에 걸려서 이혼당했다는 이야기는 왜 안 한 거지?

이실장 : 아닙니다. 최대리 저 놈의 모함입니다. 이혼은 예전부터 하려고 했던 겁니다. 또 단속당한 날 안마시술소에 저 놈도 함께 있었다구요. 안 그래 최대리? 니가 무덤을 파는구나. 하하하.

최대리 : 훗. 맞습니다 인정하죠. 하지만 경찰에 걸리고, 이혼을 당하고, 혼자 살고 있는 사람은 이실장 당신 맞지 않습니까?

이실장 : (당황하며) 뭐야? 팀장님 아니에요. 아니에요. 전 혼자가 아니라구요.

사장 : 이실장님이라고 하셨나요? 저분들도 좀 보시죠.

다른 손님들은 자신들의 테이블을 들어 1팀에서 최대한 먼 곳으로 옮기고 있다. 그리고 의자를 서로 가깝게 붙이며, 두려움에 떠는 눈빛으로 1팀 사람들을 주목하고 있다.

사장 : 더 이상 손님들을 불안에 떨게 할 수는 없습니다. (강압적인 어투로) 혼자인 이실장님 어서 나가주세요.

이실장은 자리에서 서서히 일어난다. 문으로 걸어 나가다가 방향을 틀어 최대리에게 덤벼들었다. 그 때 사장이 그의 팔과 어깨를 붙잡는다.

사장 : 더 이상 모욕 당하시기 전에 조용히 나가주세요. 어서.

붙들린 이실장은 고개를 휙 돌려 1팀 사람들을 한번 노려보고는 성큼 성큼 문을 열고 나갔다.

암전

'파악 파악' 처음보다 더 커진 물대포 소리. '쏴아악' 처음보다 더 커진 물살 소리.

사장 : 자자 손님들 이제 테이블을 그만 옮기셔도 됩니다. 안심하세요. 모든 게 끝났어요. 에라이 기분이다. 이번엔 21년산 양주 스트레이트를 한잔씩 돌리겠습니다. 오늘 장사 망했네 망했어. 하하 그래도 저는 손님들과 함께 있어서 행복하답니다.

손님들 : 21년산, 듣던 중 반가운 소리네.

손님들 : 곧 해 뜨겠다. 저 테이블 신경 쓰지 말고 우리는 이제 신나게 놀죠.

손님들 : 맞아. 저 사람들 때문에 우리까지 이게 뭔 꼴이람. 물대포를 맞든지 말든지…….

사장 : 오케이! 노래 더 크게 틉니다! 이제부터 진짜 파티다 하하하.

최신가요소리가 다시 커진다.

김팀장 : (억지웃음을 지어보이며) 이거 봐 최대리 정씨. 너무 심난해 하지 마. 원래 풍문동이라는 곳은 이런 곳이야. 자네들이 아직 어려서 잘 모르겠지만 살다보면 이런 일은 언제나 일어나는 거라고.

김팀장은 다시 의자를 최대리와 이씨 쪽으로 당겼다. 사장이 양주 세 잔을 들고 1팀의 테이블로 가져온다. 테이블에 놓자마자 정씨가 벌컥벌컥 세잔을 모두 마셔버린다. 그리고 입가를 한번 닦고 최대리를 향해 몸을 튼다.

정씨 : 이 실장이 경찰에 잡혀서 회사에 연락이 온 날, 너는 새벽에 날 찾아와 사귀자고 했었어!

김팀장 : 자네 둘이 사귀는 사이였단 말이야?

정씨 : (무시하며) 어떻게 나한테 이럴 수가 있지? (머리를 흔들며) 이 불결한 놈아! 더러워 불결해!

김팀장 : 최대리 뭐라고? 말해보게. 지금 정씨가 무슨 말을 하는 거야?

최대리 : (무시하며) 정씨! 그날 더 이상 이런 짓을 해봐야 의미가 없다는 것을 깨닫고 당신한테 찾아간 것이었어. 날 행복하게 해 줄 수 있는 사람은 바로 당신이라는 것을 알게 되었단 말이야.

정씨 : 그 말을 지금 나더러 믿으라는 거야?

최대리 : (눈물을 글썽거리며) 제발 나를 믿어줘…….

최대리가 손을 뻗어 정씨의 손을 잡자 그녀는 못이기는 척 가만히 있다. 그 때 사장이 투벅 투벅 다시 1팀의 테이블로 걸어온다.

사장 : (한숨을 쉬며) 김팀장님 또…… 아직…… 청소차가…….

김팀장 : (말을 자르며) 알고 있소. 이제 나도 모르겠으니 말하지 마 사장양반. 저 두 명을 보라고. 사랑싸움에 정신없고, 다른 손님들도 다 잘 놀고 있잖아. 그냥 모른 척하자고. 지겹군 지겨워 저놈의 청소차…….

갑자기 암전

'휘리리 휘리릭' 그물봉투가 날아드는 소리가 들린다.

손님들 : 으악! 졸고 있던 아가씨가 끌려 나갔어.

'파악 파악' 두 번째 보다 더 커진 물대포소리. '쏴아악' 두 번째 보다 더 커진 물살소리.

불이 켜지면 손님들을 허겁지겁 자리에서 일어나 투게더 호프의 제일 구석으로 몰려든다. 사장도 두려움에 떠는 눈빛으로 뛰어가 그 틈을 헤집고 들어간다.

정씨 : (최대리의 손을 뿌리치며) 이제 알았어요. 범인은 이 사람이에요. 최대리!
최대리 : 아니야 널 여전히 사랑한다고! 난 혼자가 아니야!
정씨 : 저리 가 불결해 최대리!

일어나 김팀장 쪽으로 가려는 정씨를 붙잡아 최대리가 빰을 올려친다.

손님들 : 와우 와우.

최대리 : 뭐라고 이년아? 어제도 새벽에 풍문동으로 나오라고 해놓곤. 풍문모텔에서 우리가 뭘 했는지 사람들한테 다 말해? 응?
손님들 : 나쁜 년이다. 쭉 같이 놀아 놓고서 이제와 한다는 말이.
손님들 : 저년을 내보내야 한다.
정씨 : (절규하며) 난 풍문모텔에 간 적 없어! 난 아니야! 아니란 말야! 그렇다면, 그렇다면 혼자인 사람은 김팀장 당신뿐이야!

정씨는 갑자기 최대리의 뒤로 가서 두 팔로 그를 꽉 안는다. 최대리는 굳은 얼굴로 잠시 가만히 있다.

정씨 : 당신을 잠시 오해했었나봐요. 당신은 여전히 제 남자친구. 그리고 사랑해요. 변함없이…….

손님들 : 와우 사랑한다네 사랑한다네.

손님들 : 아직 서로 사랑하겠지 아마.

김팀장 : (의자를 차고 일어나며) 이런 나쁜 것들을 봤나. 내가 니들 팀장이야. 내가 혼자라고? 너희들을 용서할 거 같아!

손님들 : 나가라 나가라 누가 되었든 나가라.

손님들과 사장은 서로의 어깨에 팔을 올려놓고 물결이 흔들리듯 출렁거린다. 계속해서 구석에서 한마디씩 터져 나온다.

손님들 : 주여! 제발 이 상황을 끝내게 해주소서!

손님들 : 나가라 김팀장!

손님들 : 나가라 저년!

손님들 : 나가라 김팀장!

손님들 : 나가라 저년!

한참동안 등을 돌리고 있던 최대리는 몸을 정씨쪽으로 돌린다.

김팀장 : 이것봐 최대리! 정씨를 버려. 나 김팀장이야. 너를 입사시킨 것도 나고, 대리로 만들어 준 것도 나다. 잊은 거야 최대리?

정씨 : 최대리 김팀장을 내보내야 돼요. 절 사랑한다고 했잖아요?

정씨는 갑자기 눈을 감고 있는 최대리의 입술에 키스를 한다.

김팀장 : 최대리 정신 차려! 여기서 저년을 내보내고 우리 둘이 나가면 내가 널 바로 과장으로 만들어 주겠어. 고작 여자 하나 때문에 날 배신할 생각이야? 똑똑한 네가 그럴 리가 없지 안 그래 최대리?

정씨 계속해서 두 팔로 최대리를 감싸 안으며 최대리에게 격하게 키스를 하다 멈춘다.

최대리 : (김팀장 쪽으로 몸을 돌리며) 죄송합니다. 팀장님 정씨와 저는 이렇게 함께 있어요. 혼자이신 분은 누가 봐도 팀장님입니다.

최대리는 정씨의 허리를 잡아 가깝게 당긴다. 그리고 이마에 살짝 키스를 한다. 정씨는 흐뭇한 표정으로 눈을 감는다. 이 모습을 지켜본 김팀장은 터벅터벅 걸어서 문을 향해 걸어간다.

손님들 : 나가라 나가라! 그래 좋아 나간다 나간다!
'파악 파악' 세 번째보다 더 큰 물대포 소리. '쏴아악' 세 번째보다 더 큰 물살소리.

손님들 : 이제 곧 5시다! 5시야! 끝이야 끝!
손님들 : 주여 오 주여 범인을 내보내주셔서 감사합니다 주여! 흐흑 흐흑.
사장 : 저놈의 새끼들 때문에 오늘 매상은 잡쳤구만…….

손님들은 다시 자신들의 테이블을 원래 자리로 옮긴다. 사장은 분주하게 맥주잔과 안주, 계산서를 원래의 테이블에 가져다 놓는다. 최대리와 정씨는 안고 있던 팔을 풀고, 자신들의 테이블에 앉는다.

정씨 : 김팀장을 내보내기 위해서 내가 참았어요. 내일, 아니 오늘 잠 좀 자고 다시 이야기해요.

최대리 : (힘없이) 결국 우리 둘만 혼자가 아니었나보군. 그런가?

정씨 : 자길 입사시켜주고, 대리까지 달아준 김팀장을 내보내놓고선 이제와 자책하듯 말하지 말아요. 가증스러우니깐.

최대리 : (정씨를 똑바로 보며) 난 널 사랑하지 않아. 정씨…….

정씨 : 나라고 당신을 사랑할 것 같아요? 내일이고 뭐고 우리 여기서 끝내죠. 출근하기 전에 안마시술소나 한번 들르세요, 최대리님. 흥.

'뚜우' 굵고 긴 사이렌 소리가 다시 무대에 울린다.

최대리 : 안 돼!

최대리는 갑자기 문을 열고 뛰어 나간다.

암전

불은 최대리만 비춘다. 최대리는 팔을 붕붕 돌리며 무대를 반복해서 뛴다. '칙 칙칙 뿌이칙칙' 청소차의 소리가 찢어질듯 반복되다가 점차 줄어든다.

최대리 : 안 돼! 거기서 서 거기 스란 말이야!

'치이칙' 소리를 마지막으로 청소차 소리 멈춘다. 최대리는 소리가 나는 방향으로 손을 한번 쭉 뻗는다. 그리고 바닥에 털썩 주저앉는다.

암전

투게더 호프에는 아침햇살과 같은 환한 불빛이 들어온다. 사장은 바닥을 청소하고 있다. '띠리링 띠리링' 카운터에 있는 전화기가 울린다.
사장 : 네? 대박회사 1팀이요? 그럼요 열 명 예약 가능합니다.

띠리링

사장 : 네? 협동회사 2팀이요? 그럼요 열 명 예약 가능합니다 .

띠리링

사장 : (힘차고 신나게) 그럼요 오세요 오세요! 오늘도 풍문동으로! 투게더 호프로 오시면 됩니다! 하하하!

암전

'뚜우' 굵은 사이렌 소리가 길게 무대에 울린다.

서울대학교 문예회가 걸어 온 길

서울대학교 문학과예술동호회는 문예를 통하여 교직원간의 열린 소통의 장을 마련해 관악인의 자긍심 고취와 정서함양에 앞장서고 있습니다.

■ **초대** (2005.6.1. ~ 2006.12.31.) **김현호 회장**

- 서울대학교 문학과예술동호회 설립 및 활동 개시(2005.5.24.)

■ **2대** (2006.12.14 ~ 2007.12.13.) **최병선 회장**

- 김현호 초대회장 '당신 곁에서 강물 되어 흐릅니다' 시집 발간
- 제1회 교직원 문예의 밤 행사 개최(2007.9.24.)

■ **3대** (2007.12.14 ~ 2008. 12.31.) **홍성수 회장**

- 서울대 문예지 창간호 발간(2008. 11.20.)
- 제2회 교직원 문예의 밤 행사 개최(2008.11.20.)

■ **4대** (2009.1.1. ~ 2011.8.30.) **신재홍 회장**

- 흥부기행(2009.4.11.~4.12.)
- 고은 특강(2009.6.27.)
- 서울대 문예지 제2호 발간(2010.6.9.)
- 제3회 교직원 문예의 밤 행사 개최(2010.6.9.)

■ **5대** (2011.9.1.~ 현재) **이종만 회장**

- 제1회 캠퍼스 낙엽제 시화전 개최(2013.11.6.~11.8.)
- 서울대 문예지 제3호 발간(2014.11.27.)

『서울대학교 문학과예술동호회』 회칙

제정 2006. 3. 21 규칙 제1호
개정 2009. 2. 9 규칙 제2호

제1조(명칭)

본 회의 명칭은 『서울대학교문학과예술동호회』 (이하 '문예회'라 함)라 칭한다.

제2조(목적)

'문예회'는 서울대학교 직원 중에서 문학과 예술을 좋아하는 직원들로 구성된 동호회로서, 문학과 예술의 심오한 멋과 맛을 알고 탐구함은 물론, 각별한 동료애로 근무 분위기를 조성하여 업무능률을 제고시킴으로써, 우리 삶을 아름답고 보람 있게 가꾸는 데 목적을 둔다.

제3조(회원의 자격)

① 본 회의 회원은 현재 서울대학교에 근무하는 직원 및 과거에 근무하던 직원으로서 '문예회'의 목적과 뜻을 같이 하는 자로 하며, 서울대학교 커뮤니티 '문예회'에 가입한 자로 한다.
② 신규가입(신규발령,전입,재직)을 원하는 자는 반드시 서울대학교 커뮤니티 '문예회'에 가입해야 하며, 가입 시 회비를 납부하여야 한다. 또한, 기존 회원의 경우에도 회원자격을 유지하기 위해서는 회비를 납부해야 한다
③ '문예회'의 입회와 탈퇴는 본인의 의사에 따르되, 서울대학교 이외의 기관으로 전보 또는 퇴직의 경우 이외의 개인적인 사유로 탈퇴하는 경우에는 회원자격을 상실한다.

④ ③의 규정에도 불구하고 본인이 회원자격을 유지하고자 할 경우에는 '문예회' 운영위원회의 승인을 통하여 자격을 유지할 수 있다.

제4조(회원의 임무)

① 회원은 회원의 품위를 유지하고 '문예회'의 권익을 보호해야 한다.

② 회원은 각종 회의 및 모임에 성실히 참여해야 하며, 부득이한 경우 사전에 총무에게 통보해야 한다.

③ 회원은 '문예회'의 목적을 달성할 수 있도록 항상 노력하고 협조하여야 한다.

제5조(임원의 구성)

① '문예회'의 임원은 회장 1인, 부회장 3인, 총무 1인으로 하며, 15인 이내의 운영위원과 고문으로 구성하며, 감사는 2인으로 구성한다.

② 임원의 임기는 1년으로 하되 연임할 수 있다.

③ 회장과 감사는 임기 만료 직전 정기총회에서 선임하고, 유고시는 임시 회의를 소집하여 선출한다.

제6조(임원의 임무)

① 회장은 '문예회'를 대표하고 회무를 총괄한다.

② 부회장은 회장을 보좌하며 회장 유고시 임시로 회장의 직무를 대행한다.

③ 총무는 회장의 명을 받아 예산·회계 등 각종 회무를 집행하고, 서울대학교 커뮤니티'문예회'에 가입한 회원을 관리하여야 한다.

④ 운영위원 및 고문은 '문예회' 운영위원회의 당연직 구성원이 되며, '문예회' 운영 및 발전에 관한 주요사항을 심의한다.

⑤ 감사는 본 회의 업무를 연 1회 감사하며, 감사결과를 총회에 보고한다.

제7조(회의)

① 정기총회는 연중 1회 개최하며 시기는 12월로 한다.

② 운영위원회는 사업계획서 심의 등 필요시 회장의 요청으로 개최한다.

③ 임시회의는 임원단이 판단하여 필요시 수시로 실시한다.
④ 모든 회의의 의결은 참석인원의 과반수 찬성으로 하되, 회칙개정과 임원선출은 참석인원의 2/3이상 찬성으로 한다.

제8조(회비)
① 회비는 일반회비와 운영회비로 구분한다.
② 일반회비는 년 최대 6만원(월5,000원×12월)이며, 가입 월부터 납부한다.
③ 운영회비는 모임 운영의 사안에 따라 금액을 정해 별도로 징수할 수 있다
④ 회비는 정기 총회에서 결정하고 결산한다.

제9조(운영)
① 임원단은 매년 연중 업무운영활동계획(사업계획서)을 수립하여 운영위원회에서 승인을 받은 후 회의 목적을 달성 할 수 있도록 최선을 다하여야 하며, 총회에서 심의 의결한다.
② 임원단은 매월 1회 이상의 모임 추진을 원칙으로 한다.
③ 임원단은 서울대학교 커뮤니티 『문예회』 관리운영에 최선을 다하여야 하며, 필요시 자체 홈페이지를 구축하여 운영할 수 있다.
④ 임원단은 회원 간 친목 도모와 문예회의 발전에 노력하여야 한다.
⑤ 임원단은 문예회의 주요한 안건은 회의에 의결을 거쳐 추진하여야 한다.

부 칙(제1호 2006. 3. 21)
제1조(시행일) 본 회칙은 2006년 3월 21일부터 시행한다.
제2조(경과조치) 이 회칙 이전의 제반 회무는 이 회칙에 의거 집행된 것으로 본다.

부 칙(제2호 2009. 2. 9)
이 회칙은 2009년 2월 9일부터 시행한다.

서울대 문예회 회원들

※소속정보는 전보 등으로 현 근무지와 상이할 수 있습니다.

순번	이름	소속	비고
1	강미숙	정보화본부 정보기반팀	총무
2	권광희	중앙도서관 수서정리과	
3	권 기	의과대학 의대(서무)	
4	권재철	규장각한국학연구원	
5	김동헌	시설관리국 관리과	
6	김상영	사무국 인사교육과	
7	김영환	기록관 기록관	
8	김옥수	전중앙도서관	
9	김익로	전교무처	
10	김정순	음악대학 국악과	
11	김정훈	유전공학연구소	
12	김창섭	중앙도서관 법학도서관	
13	김춘호	전 약학대학	고문
14	김현호	전 법학대학	고문
15	김혜순	농업생명과학대학 농생대(교무)	
16	김혜영	언어교육원 외국어교육센터	
17	김회진	총장실 총장실	
18	김희범	교무처 교무과	

19	박경희	자연과학대학 자연대(교학)	
20	박완규	전 출판부	
21	박채언	사회과학대학 언론정보학과	
22	박현우	중앙도서관 치의학도서관	
23	반승희	공과대학 기계항공공학부	
24	배금란	인문대학 종교학과	
25	변순복	사회과학대학 사회학과	
26	석승혁	의과대학 미생물학교실	
27	손호출	수의과대학	
28	신재홍	전 관리과	고문
29	안용민	자연과학대학 화학부	
30	양위뢰	인문대학 철학과	
31	양은식	국제대학원	부회장
32	오선근	자연과학대학 물리·천문학부	
33	유영삼	자동화시스템공동연구소	
34	유지애	자연과학대학 자연대(연구)	
35	윤양섭	미술대학	부회장
36	이경옥	경영대학 노사관계연구소	
37	이광근	공과대학 전기·컴퓨터공학부	
38	이귀선	기획처 기획과	
39	이두영	전중앙도서관	
40	이상화	자연과학대학 화학부	

41	이아랑	간호대학 간호학과	
42	이영근	자연대학(교무)	
43	이인영	기획처 재정전략팀	
44	이재민	언론정보연구소	
45	이종만	공과대학 공과대학	회장
46	이창용	언어교육원 언어교육센터	
47	이춘옥	사범대학 사대(서무)	
48	장보라	학생처 학생지원과	
49	장정화	사회과학대학 사회복지학과	
50	전수형	사단법인서울대학교출판문화원	
51	정성민	사회과학대학(서무)	
52	정지영	시설관리국 시설기획과	
53	조노현	시설관리국 캠퍼스관리과	
54	조형진	교무처 미래교육팀	
55	최미숙	언어교육원 행정실	
56	최병선	전재정전략실	고문
57	최옥주	사회과학대학 사회학과	
58	최종고	법학전문대학원	
59	최충림	환경대학원	부회장
60	최해영	경영대학	부회장
61	하진구	전 정보화본부	
62	홍성수	해양연구소	

편집 후기

2008년 첫 걸음을 떼었던 「서울대 문예지」가 어느덧 제3호를 발간하게 되었습니다. 소중한 글을 주셔서 문예지를 튼실하게 키워 주신 회원님들께 진심으로 감사드립니다.

아름다운 성찰과 타인에 대한 배려가 깃든 원고를 넘기다 보면 장자의 '聽無聲' 말씀 따라 회원님들의 소리 없는 소리가 손끝에 잔잔히 묻어나는 것 같습니다.

돌이켜보면 한정된 지면으로 회원님의 원고를 다 싣지 못한 아쉬움과 출판이 있기까지의 시간이 지금의 이룸을 위한 고운 화음으로 회상됩니다.

앞으로도 「서울대 문예지」가 커다란 감성 나목으로 성장하도록 많은 관심 부탁드립니다. 감사합니다.

편집위원장 강미숙(정보화본부)

2014

서울대학교 문학과예술동호회 문예지 (제3호)

초판인쇄일 2014년 11월 24일

초판발행일 2014년 11월 27일

지 은 이 : 이종만 외

편　　집 : 강미숙

펴낸곳 : 도서출판 문학공원

발행인 : 김순진

디자인 : 김초롱

등 록 : 2004년 3월 9일 제6-706호

주 소 : (우편번호 130-814)서울 동대문구 난계로 26길 17호
삼우빌딩 C동 302호 스토리문학사

전 화 : 02-2234-1666

팩 스 : 02-2236-1666

홈페이지 : http://cafe.daum.net/yob51

이메일 : 4615562@hanmail.net